ゲーム開発 ではじめる Python3（パイソン）

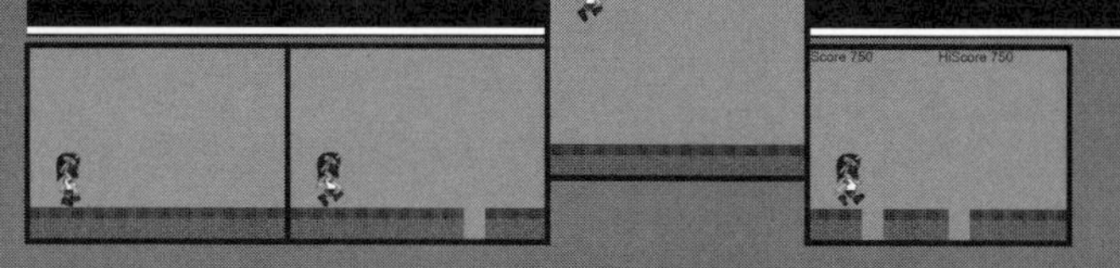

はじめに

本書は、世界で最も人気のあるプログラミング言語の１つ「Python3」の入門書です。

また、「Python3」の追加機能である「パッケージ」の１つ「pygame」をインストールして2Dゲームを開発する入門書でもあります。

「Python3」は、「ビジネス」や「教育」「研究」「ホビー」など、さまざまな用途に使われています。

さらに、「Maya」や「Metasequoia」のような「3D-CGツール」にも組み込まれており、「3Dオブジェクトの作成」や「編集」などの作業も、「Python3」でプログラミングすることもできます。

僕も、「Metasequoia」の「Python3」で背景の植物をランダムに生やすようなプログラミングもしたことがあり、とても助かりました。

＊

本書では、「蛇ゲーム」「共通点を探せ！クイズ」「自動車ゲーム」「ジャンプゲーム」「RPG風ゲーム」の順に、５つのミニゲームを開発します。

どんなゲームかは、工学社のサポートサイトからサンプルファイルをダウンロードして、解凍した中の「exeファイル」からプレイできます。

＊

本書を読み終えたら、ぜひ、それら５つのミニゲームを「改造」してみてください。

たとえば「RPG風ゲーム」で、ゲームクリアしたときのタイムを競ったり、最初からゲームを再スタートするなど、いろいろと試してみるといいでしょう。

文字の表示方法は「蛇ゲーム」や「ジャンプゲーム」のスコア表示が参考になると思います。

＊

こんなに便利なプログラミング言語が完全フリーで使えるなんて、とても素晴らしいことです。

僕も「Python3」のように自分の代表作のようなソフトウェアを、プログラミング言語に限らず作ってみたいものです。

大西　武

ゲーム開発ではじめるPython3

CONTENTS

第5章 「自動車ゲーム」の開発

第6章 「ジャンプゲーム」の開発

第7章 「RPG 風ゲーム」の開発

「サンプル・プログラム」のダウンロード

本書の**「サンプル・プログラム」**は工学社ホームページのサポートコーナーでダウンロードできます。

まずは各章の各節でコーディングする前に、ダウンロードしたソースを参考にしてください。

ソースは１行に入りきらずに改行しているところがありますが、実際は改行せずにコーディングしてください。

＜工学社ホームページ＞

http://www.kohgakusha.co.jp/support.html

ダウンロードしたファイルを解答するには、下記のパスワードを入力してください。

58VH4DcQEPed

すべて「半角」で、「大文字」「小文字」を間違えないように入力してください。

第1章

「Python3」と「pygame」について

この章では、WindowsやmacOSなどで動作するプログラミング言語「Python3」と、ゲーム開発できるように「Python3」を拡張した「pygame」パッケージについて解説します。

また「Python3」と「pygame」の動作環境についても解説します。

1.1 「Python3」について

この節では、「Python3」の説明や、Python3がどのような用途に使われているかについて、解説します。

■「Python3」とは？

「Python3」は、Pythonシリーズの最新のメジャーバージョンです。

https://www.python.org

以前までは「Python2」が主流だったのですが、「Python2」と「Python3」との間にはソースに互換性がありませんでした。

そのため、ズルズルと「Python2」を使い続けているアプリが多かったのですが、今では「Python3」が主流になってきました。

今から「Python」を始めるなら、絶対「Python3」を使うべきですし、本書でも「Python3」で解説しています。

＊

「Python3」のファイルの拡張子は**「.py」**です。

「Python3」はパワフルで、高速処理し、他の技術とも相性が良く、さまざまな環境で動作し、フレンドリーで、学習しやすく、しかもオープンソースなプログラミング言語です。

そのため、世界で最も人気のある言語の１つになりました。

「Python3」本体のみで作ったアプリは、「オープンソース」や「フリーソフト」「シェアウェア」「商用ソフト」、いずれでも自由に配布できます。

■ パッケージについて

「Python3」では、実行するメインの「py ファイル」とは別の「py ファイル」を「モジュール」として追加し、メインの「py ファイル」で「モジュール」の「py ファイル」の機能を使うことができます。

＊

「モジュール」は他の人にも使ってもらえるように、「パッケージ」と呼ばれる「モジュール群」がたくさん公開されています。

ですから、わざわざ車輪の再発明をして、同じような機能をコーディングしなくても、すでに同等の機能のパッケージが公開されているかもしれません。

＊

「パッケージ」を探すには「PyPI」(the Python Package Index)で検索ができます。

```
https://pypi.org/
```

パッケージごとのライセンスについての詳細は、それぞれのライセンスを見てください。

■ ローカルアプリ版「Python3」

本書では、「Windows」と「macOS」上で動作する「Python3」で開発した「ローカルアプリ」を解説します。

また、特に「2D ゲーム」だけを開発していきます。

＊

「ローカル」(ユーザーのパソコン内)だけで動作するので、ネットワークに繋(つな)がなくても動作し、セキュリティもあまり気にすることなく、開発に専念できます。

*

「Python3」では「ローカルアプリ」がいちばん手軽なので、「Python3」の文法を勉強するのに適しています。

*

今回はゲームしか作りませんが、「GUI」も作れて、ビジネスツールのようなインターフェースも作れます。

■ Webアプリ版「Python3」

「Webアプリ」とは、サーバサイドのプログラミング言語である「PHP」などと同じように、インターネットブラウザで見ることができる「HTMLページ」を、動的に作って、Webページが見れるアプリケーションです。

*

たとえば、「YouTube」や「Instagram」はPythonで構築されています。

これらのサイトを見ればわかると思いますが、一般のWebサイトのような、常に同じインターフェースで「見る」だけの「Webページ」ではなく、ユーザーが「動画」や「写真」を投稿できたり、それらを誰でも見ることができたり、検索したりといった、「インタラクティブな操作」が可能なWebページも作れます。

つまり、「HTML」だけでなく「XML」や「JSON」や「Eメール」や「FTP」や「SOCKET」や「データベースアクセス」など、Webで必須の機能のほとんどが使えます。

最近のメジャーなレンタルサーバならたいてい、「Python3」のWebアプリが動作できるように環境が整備されているようです。

■ 教育向けの「Python3」

2020年の高等学校のプログラミング教育の必修化でも「Python」が使われるそうです。

「Python3」はさまざまな言語のいいとこどりをしたような言語仕様で、シンプルなのにパワフルな開発ができます。

ですから、他の言語を使う機会があっても、プログラムの仕組みが

「Python3」で理解できるので、比較的容易に他の言語も学習できるでしょう。

１つ目のプログラミング言語を覚えるのがいちばん大変で、１つできれば他の言語も覚えやすいです。

■科学や数字の「Python3」

他にも、「Python3」は「科学」や「数字」を計算するのにも使われています。これは、どちらかというと研究向けに使われています。

■「Python3」で「AI」

「AI」とは文字通り「人工知能」の略です。

今、最も「AI」に使われている言語が「Python3」でしょう。

たとえば、「手書き文字の画像認識」など、AI向けのパッケージが多数公開されているからです。

■「IDE」について

本書では**「IDE」(統合開発環境)**は使いません。

「IDE」を使えば開発のためのコーディングや実行がやりやすくなりますが、新しいマシンでしか快適に動作しない可能性があるからです。

そして、最低限の環境構築ですむように解説したかったからです。

そのため、環境構築は**第２章**で解説します。

1.2 「pygame」について

この節では、「Python3」のパッケージの１つである「pygame」について解説します。

「pygame」は、主に「2Dゲーム開発向け」のパッケージです。

■「pygame」とは？

「pygame」とは、「Python3のパッケージ」の１つで、一般に言う「ゲームライブラリ」のような追加機能です。

「pygame」パッケージを追加すれば、画像を「表示」「回転」したり、サウンドを再生したりなどの機能を、自分で開発しなくても、すでにパッケージにそれらの機能が含まれていて、それらを使うことができます。

「pygame」は有名なゲームライブラリである、**「SDL」(Simple Direct Media Layer)** をラップしており、「Python3」でいちばん有名な「ゲーム開発用のパッケージ」です。(「pygame2」は「SDL2」)

*

「SDL」や「SDL2」はC言語で開発されていて、「Windows」「macOS」「Linux」「iOS」「Android」に公式に対応しています。

「OpenGL」や「DirectX」を使ってグラフィックスを描画しています。

※ ただし「pygame2」は執筆時には開発中のベータ版です。

■「pygame」でできること

本書では、「Python3」の文法でプログラミングして、「pygame」のクラス機能をコーディングで呼び出して、ゲームを開発していきます。

Windows版は安定した**「pygame 1.9.6」**を使って解説します。

*

macOS版は最新ですが、まだ「ベータ版」である**「pygame 2.0.0.dev10」**を使わないとインストールできないため、こちらをインストールします。

「pygame」を使ったコードは、「pygame2」でも書き換えることなく動作する後方互換の仕様になっています。

「pygame」のみで作ったアプリは、「オープンソース」でも「フリーソフト」でも「シェアウェア」でも「商用ソフト」でも、自由に配布できます。

■「ミニゲーム」について

本書では、理解しやすいようにシンプルなミニゲームの作り方を5つ解説します。

タイトル画面もないですがたとえばタイトル画面を追加してプログラミングの練習をしてみてください。

5つのゲームをそれぞれ10節前後ずつぐらいに分けて、徐々にコードを追加していきます。

それぞれの節で約10行ずつコーディングしながら1機能ずつ解説するので、無理なく「Python3」の学習ができます。

■ macOSで「OpenGL」廃止

Appleは、今後のmacOSで**「OpenGL」**を廃止するようにアナウンスしています。

ゲームライブラリ「SDL2」が、Appleの新3D機能「Metal」に対応するのを期待します。

今のところは、「macOS Catalina」以前のOSを使っていれば「OpenGL」が動作します。

「macOSのアップグレード」には気をつけましょう。

1.3 推奨マシンスペックについて

この節では、「Python3」や「pygame」を動作させるのに必要なマシンスペックと筆者の開発環境について解説します。

おそらく2010年以前のパソコンでも快適に動作すると思います。

■ 最低限のマシンスペック

WindowsとMacで「Python3」と「pygame」の最新版が動作する環境です。

ただし、「IDE」を使う場合は、もっと新しいパソコンを推奨します。

Windowsで最低限動く環境

OS	Windows7以降
CPU	Intel Core以降(32bit・64bit)
メモリ	1GB以上

HDD	1GB以上の空き
グラフィックスボード	OpenGLやDirectX9に対応しているもの
画面サイズ	1024×768以上

Macで最低限動く環境

OS	OS X以降
CPU	Intel Core以降(64bit)
メモリ	2GB以上
HDD	1GB以上の空き
グラフィックスボード	OpenGLに対応しているもの
画面サイズ	1024×768以上

■ 筆者の開発環境

筆者は「iMac」に「BootCamp」を使って、Windows OSもインストールしています。

パソコン	iMac 2019 21インチ(BootCampも)
OS	Windows 10 Pro、macOS Catalina
CPU	Intel Core i5-8500
メモリ	15.9GB
HDD	512GB
グラフィックスボード	Radeon Pro 560X
画面サイズ	4096×2304(ただしWindows開発は1920×1080)

※もう1台の古いパソコン「iMac 2011」でも快適に動作しました。

第2章

「Python3」と「pygame」のインストール

この章では、Windows と macOS に「Python3」と「pygame」をインストールする手順を解説します。
また、「Python3」や「pygame」の実行方法についても簡単に紹介します。

2.1 「Windows」へ「Python3」のインストール

この節では Windows マシンに「Python3」をインストールする手順を解説します。

この章で出てくる Windows の**「コマンドプロンプト」**と、macOS の**「ターミナル」**は、最近では開発者しか使わない機能かもしれません。
でも、この本を読んでいるあなたも開発者です。
是非、この機会に使い慣れてください。

■「Python の公式サイト」からダウンロード

手順

[1]「古い Python」のアンインストール
すでに Python2 など古いバージョンがインストールされている場合は、削除しても問題ない場合はアンインストールしておいてください。

本書ではこの節でインストールする「Python3」のみがインストールされている前提で解説します。

[2]「Python3」をインストール
以下のアドレスにアクセスしてください。

Python のサイト

https://www.python.org/downloads/windows/

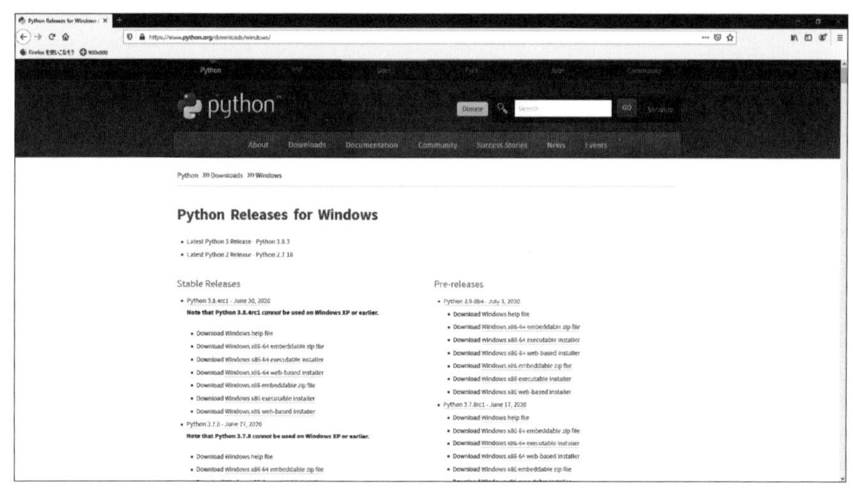

Pythonサイトのトップ画面

※ 執筆段階での「Python3」の最新バージョンは「3.8.3」です。

64bit版Windowsの場合

Python 3.8.3 - May 13, 2020
Windows x86-64 executable installer

32bit版Windowsの場合

Python 3.8.3 - May 13, 2020
Windows x86 executable installer

■ ダウンロードしたファイルを実行

手順

[1] ダウンロードしたファイルを実行

ダウンロードした「python-3.8.3-amd64.exe」を実行してください。
おそらく「ダウンロード」フォルダに保存されています。

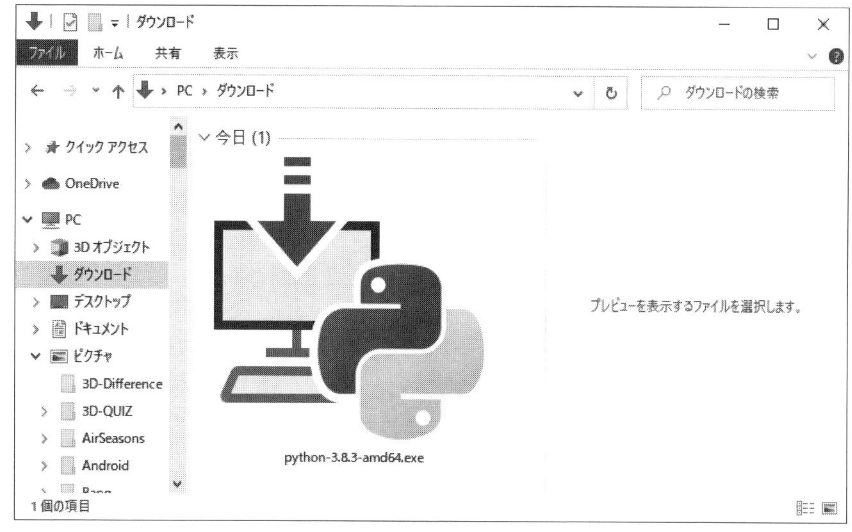

「Python」のインストーラーファイル

[2] パスの設定

実行したら、まず**「Add Python 3.8 to PATH」**をチェックして、「Python 3.8」へのパスを設定してください。

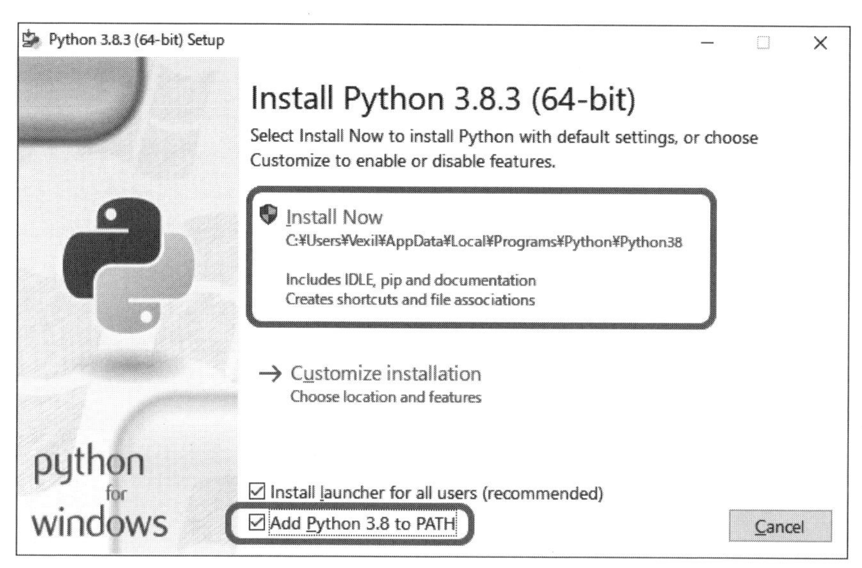

「Python」のインストールプログラムの実行

[3] インストールの実行

次に、「Install Now」ボタンを押してください。
インストールが進行します。

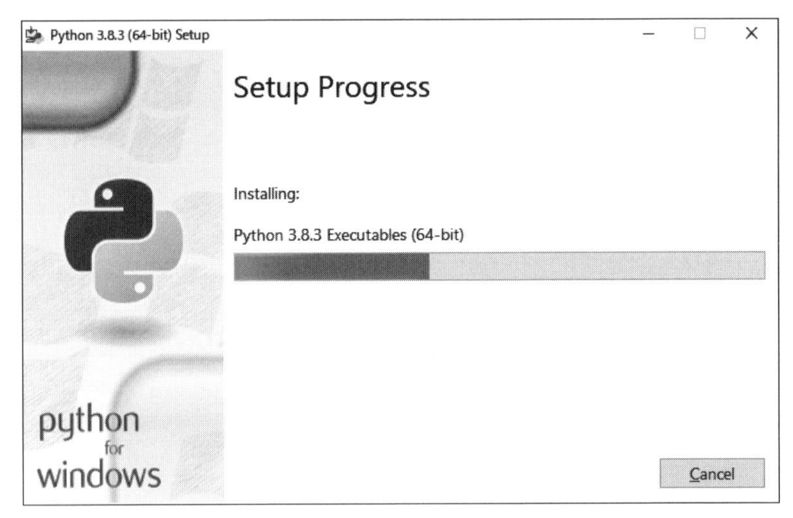

Setup Progress 画面

[4] インストールの完了

インストールが完了したら、「Close」ボタンを押してください。

Setup was Successful 画面

■「Python3」の実行

手順

[1] インストールの確認

「Python3」が正常にインストールされたかを確認します。

「Windows メニュー」→「Windows システム ツール」→「コマンド プロンプト」を起動。

コマンドプロンプトの実行

[2]「Python3」のバージョン確認

「コマンドプロンプト」で **「python」** と入力して「Enter」キーを押す。

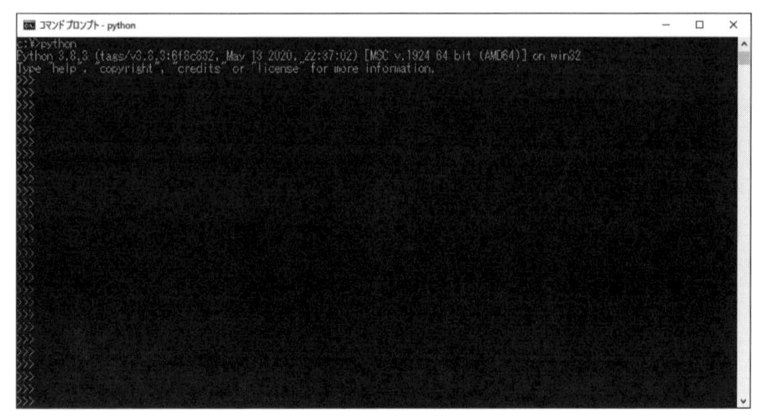

コマンドプロンプトで「python」を入力

「Python3」のバージョン（3.8.3）などが出ましたか？

[3]「Python3」の終了

「exit()」を入力し、Python3を終了します。

> ※「Python3」が実行できなかった場合は、「Pythonのインストール」からやり直してください。

2.2 「Windows」へ「pygame」のインストール

この節では「Python3」でゲーム開発するためのパッケージ「pygame」を「pip」を使ってインストールします。

「pygame」のサンプルゲーム「aliens」は、最初から用意されているアプリです。

公式サイトでは、これを最初に実行するように書いてありました。

手順

[1]「コマンドプロンプト」を起動

まだ「Python3」を終了していなければ、「exit()」で終了してください。

[2]「pygame」のインストール

「コマンドプロンプト」で以下のように入力して実行して、「pygame」をインストールしてください。

```
pip install -U pygame --user
```

「pip」とは、「Pip Installs Packages」または「Pip Installs Python」の頭文字です。

「Python」でコーディングされたパッケージソフトウェアをインストールして管理するための、「パッケージ管理システム」です。

[3]「pygame アプリ」の実行

「pygame」のインストールに成功したら、以下のように入力してサンプルを実行してください。

```
python -m pygame.examples.aliens
```

＊

「pygame」に入っているサンプルゲーム「aliens」がプレイできましたか？

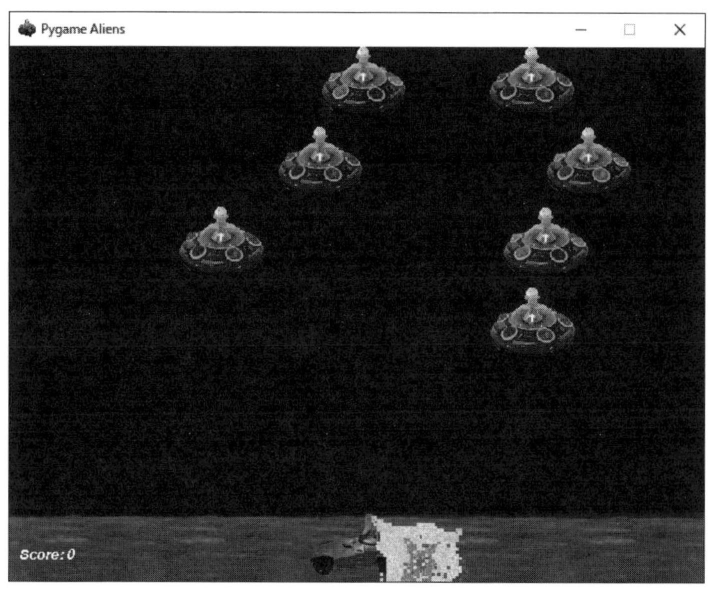

サンプルゲーム「aliens」の実行画面

2.3 「macOS」へ「Python3」のインストール

この節では、「macOS」に「Python3」をインストールする手順を解説します。

Windowsの「コマンドプロンプト」と、macOSの「ターミナル」は、テキストベースの「UI」(ユーザーインターフェース)で、**「CUI」**と言います。

これは、「GUI」ができる前の「UI」です。
マウスで操作するのではなく、文字を入力してアプリを操作します。

■「Python の Web サイト」からダウンロード

手順

[1] 公式サイトからダウンロード

「Python」のWebサイトから、「macOS版」のダウンロードページを開きます。

Python の公式サイト

https://www.python.org/downloads/mac-osx/

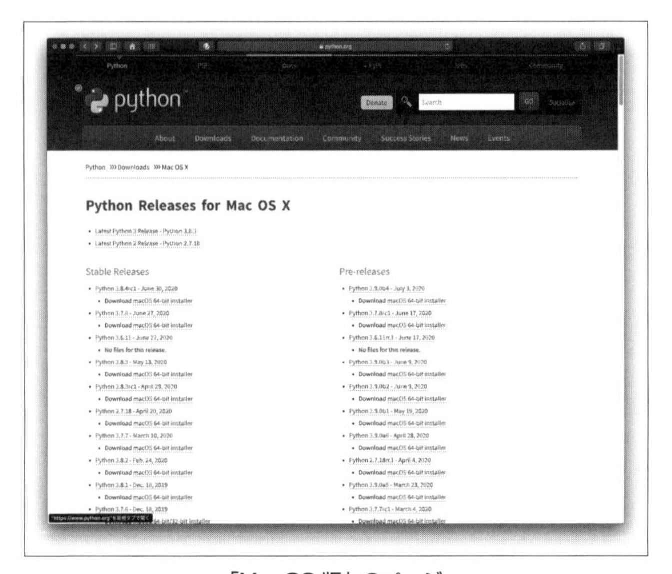

「MacOS 版」のページ

「Python 3.8.3 - May 13, 2020」の「Download macOS 64-bit installer」をクリックして、ダウンロードします。

[2] ダウンロードしたファイルを実行

「Finder」の「ダウンロード」フォルダの「python-3.8.3-macosx10.9.pkg」を実行します。

ダウンロードしたファイルの実行

[3]「Python3」のインストールを進める

案内に沿ってインストールを進めます。

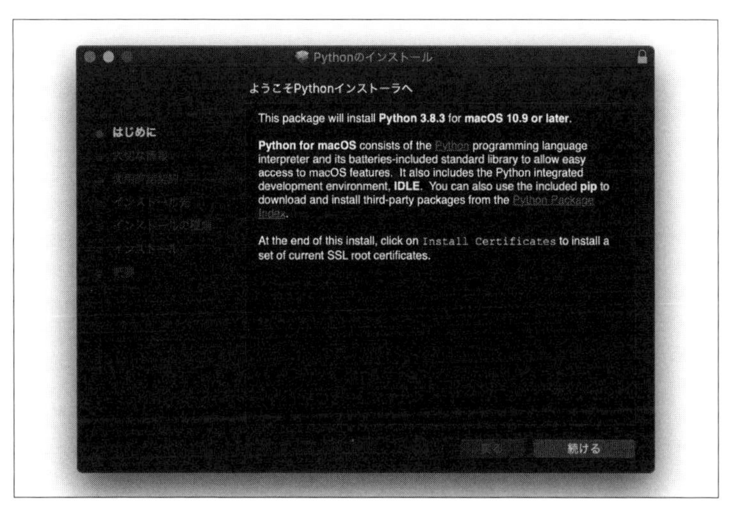

「Python3」のインストール

■ Python の実行

手順

[1] ターミナルの実行

「Finder」→「アプリケーション」→「ユーティリティ」→「ターミナル」を起動します。

ターミナルの実行

[2]「python3」を実行する

「ターミナル」で「python3」と入力して、「Enter キー」を押して実行します。

```
Macintosh HD — Python — 80×24
[illegible]noiMac:/ [illegible]$ python3
Python 3.8.3 (v3.8.3:6f8c8320e9, May 13 2020, 16:29:34)
[Clang 6.0 (clang-600.0.57)] on darwin
Type "help", "copyright", "credits" or "license" for more information.
>>>
>>>
>>>
>>>
>>>
>>>
>>>
>>>
>>>
>>>
>>>
>>>
>>>
>>>
>>>
>>>
>>>
>>>
>>>
>>>
```

「python3」の実行

ここで「python」と入力すると「python2」が実行されるので、必ず「python3」と入力してください。

*

「Python3」が実行されて、Python3のバージョン(3.8.3)などが出ましたか?

実行できなかった場合は、インストールからもう一度やり直してください。

[3]「python3」の終了

確認が終わったら、Python3で「exit( )」と入力して実行し、Python3を終了します。

2.4 「macOS」へ「pygame」のインストール

この節では、Python3の「pip」を使って「pygame」をインストールします。

できれば「pygame」のサンプルゲーム「aliens」がもっとカッコいい画像を使ったら、ユーザーも興味をそそられると思うので、今後に期待です。

手順

[1]「ターミナル」を起動

まだ「ターミナル」でPython3を実行中なら「exit()」で終了してください。

[2]「pygame」のインストール

「ターミナル」で以下の行を入力して実行して「pygame」をインストールしてください。

```
python3 -m pip install -U pygame --user
```

もし、この「pygame 1.9.x」のインストールに失敗した場合は、こちらの「pygame 2.0.0.dev10」をインストールしてください。

```
python3 -m pip install -U pygame==2.0.0.dev10 --user
```

[3] 「pygame」のサンプルの実行

「pygame」に入っているサンプル「aliens」を実行します。

以下のように入力して実行してください。

```
python3 -m pygame.examples.aliens
```

＊

画像のようなゲームが実行されましたか？

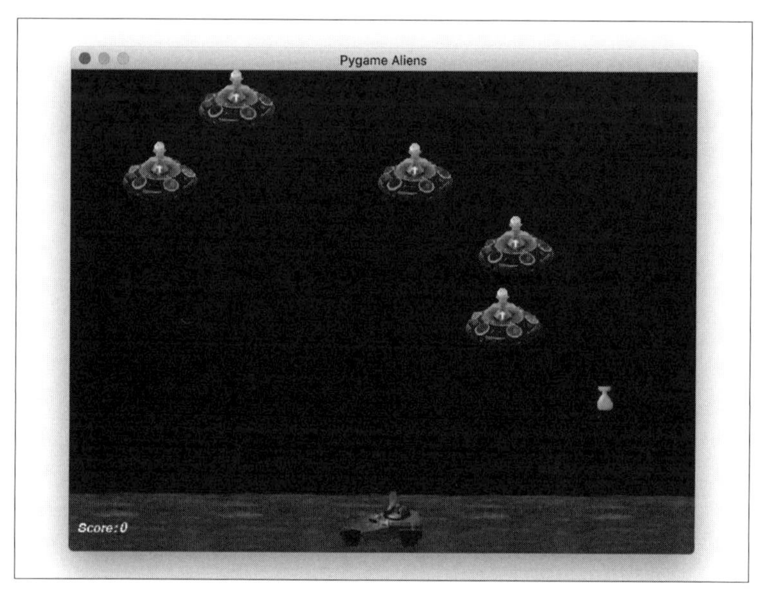

「aliens」ゲーム

第3章

「蛇ゲーム」の開発

この章では、マウスカーソルに向かって「蛇」が近づいてくるミニゲームの開発をします。
画像ファイルは使わず、基本図形だけの、シンプルなミニゲームです。

3.1 最小限のコード

この節では、「真っ黒な画面のウィンドウを表示して勝手に閉じる」だけのコードを作ります。

この節のソースコードはテンプレート的なコードなので、すべてを理解しなくても大丈夫です。

■「Windows」で「snake01.py」の実行

手順

[1] サンプルファイルのダウンロード

まず、工学社のサポートサイトからサンプル「PyGameSamples.zip」をダウンロードします。

```
https://www.kohgakusha.co.jp/suppor_u.html
```

[2]「PyGame」フォルダの移動

Windowsで解凍した「PyGame」フォルダを「マイドキュメント(C:¥Users¥(ユーザー名)¥Documents)」フォルダ内にコピー&ペーストします。

[3]「コマンドプロンプト」の起動

「Windowsメニュー」→「Windowsシステムツール」→「コマンドプロンプト」を起動します。

[4]「カレントディレクトリ」の設定

```
cd c:¥Users¥(ユーザー名)¥Documents¥PyGame¥snake
```

と入力して、「カレントディレクトリ」(現在のフォルダ)を設定します。

[5] snake01.py の実行

「snake01.py」と入力して実行します。

真っ黒な画面が表示され、ウィンドウがすぐ閉じます。

真っ黒な画面のウィンドウ

■「macOS」で snake01.py」の実行

手順

[1]「サンプルファイル」のダウンロード

工学社のサポートサイトからサンプル「PyGameSamples.zip」をダウンロードします。

https://www.kohgakusha.co.jp/suppor_u.html

[2]「PyGame」フォルダの移動

macOS で解凍したサンプル「PyGame」フォルダをユーザーの「書類」フォルダである「~/Documents」フォルダ内にコピー&ペーストします。

[3] ターミナルの起動

2章2-3のように、「ターミナル」を起動します。

[4]「カレントディレクトリ」の設定

```
cd ~/Documents/PyGame/snake
```

と入力して、「カレントディレクトリ」にします。

[5]「snake01.py」の実行

以下のように入力して実行します。

「-m」がある場合とない場合で「.py」拡張子が違います。

```
python3 snake01.py
```

または、

```
python3 -m snake01
```

真っ黒な画面が表示され、ウィンドウがすぐ閉じます。

■ 関数

「関数」とは、“「def」で宣言し、コーディングした機能を1つにまとめたもの”です。

「関数名」を記述することで、その機能が使えます。

```
def 関数名():
  (処理)

関数名()
```

Windowsでは「コマンドプロンプト」を起動し「python」と入力し「Enter」キーを押します。

macOSでは「ターミナル」を起動し、「python3」と入力し「Enter」キーを押します。

※ ここで、ただの「python」と入力すると、「Python2」が起動してしまいます。「3」を忘れないようにしてください。

それから、「Python3」のコードを以下のように入力して、「Enter」キーを押します。

※ 以後、これらを**「Python3 実行環境」**と呼びます。

[Python3 実行環境]

```
print(" 文字列を表示します。")
```

と、「print 関数」を呼び出せば、コマンドプロンプトに " **文字列を表示します。**" という文字列を表示します。

「Python3」のコードを実行

「print 関数」は、文字列しか表示できません。
文字列とは「"」と「"」、または「'」と「'」で囲った文字のことです。
宣言した関数は、呼び出すまで何も実行されません。

■ 変数

「変数」とは、“「値」を入れておく入れ物” のことです。
コードを以下のように入力して、「Enter」キーを押します。

[Python3 実行環境]

```
s = " こんにちは "
print(s)
```

「s」が「変数」で、“こんにちは”という「文字列」を入れています。
「変数」には、「文字列」だけでなく「整数」や「小数」や「クラス」なども入れることができます。

上記の例は、「print 関数」に「s 変数」を渡し、「コマンドプロンプト」に"こんにちは"と表示します。

■ if 文

「if 文」は、“もし条件が満たされた場合は、処理する”という、条件分岐の構文です。
たとえば、以下のように書きます。

[Python3 実行環境]

```
a = 1
if a == 1:
  print("aは1です。")
```

「a 変数」に“1”を代入します。
print 関数を「インデント」(コードの左端に空白文字を入れる)して、「if 文」の「a 変数は1であるか?」が成り立った場合の処理を書きます。

「コマンドプロンプト」に"a は 1 です。"が表示されます。

■ import 文

「import 文」は「モジュール」を呼び出す構文です。
「import 文」でメインの py ファイルとは別の py ファイルの機能を「モジュール」として、メインの py ファイルに機能追加して使えるようになります。

■ exit( ) 文

「コマンドプロンプト」で「Python3」のコードを以下のように入力して、「Enter」キーを押すと「Python3 実行環境」を終了できます。

[Python3 実行環境]

```
exit()
```

■「snake01.py」のソース

「メモ帳」など「テキストエディタ」で、以下のように「snake01.py」ファイルをコーディングしてください。

メモ帳

[snake01.py]

```
import sys                                    ①
import pygame                                 ②

def main():                                   ③
  pygame.init()                               ④
  screen = pygame.display.set_mode((800,600)) ⑤
```

```
  pygame.quit()                     ⑥
  sys.exit()                        ⑦


if __name__ == '__main__':          ⑧
  main()                            ⑨
```

ソース解説

❶「sys」モジュールを呼び出し。

❷「pygame」モジュールを呼び出し。

❸「main 関数」の宣言。
　プログラムは 1 行目から下へ順番に実行されていきます。
　「def」で「main 関数」を宣言したところは実行せず⑧に進み、⑨で③の「main 関数」が呼ばれます。

❹「pygame」を初期化。
　「インデント」しているので、③の「main 関数」の中で処理されます。

❺「幅 800、高さ 600」のウィンドウを作る。
　「インデント」しているので、③の「main 関数」の中で処理されます。

❻「pygame」を終了。
　「インデント」しているので、③の「main 関数」の中で処理されます。

❼ Python3 システムを終了。
　「インデント」しているので、③の「main 関数」の中で処理されます。

❽ このプログラム内部の名前「__name__」が「__main__」だった場合。
　つまり、この実行するファイルが「snake01.py」ファイル自身で、モジュールファイルではないことを判定します。

❾ ③の「main 関数」を呼び出します。
　「インデント」しているので、⑧の「if 文」が成り立った場合に処理されます。

3.2 「ESC」キーで終了

この節では、「ESC」キーでプログラムを終了できるようにします。

この節のソースコードもテンプレート的なものなので、すべてを理解しなくても大丈夫です。

■「snake02.py」の実行

3-1 の要領で「snake02.py」を実行すると、こんども真っ黒な画面が出ます。

タイトルバーにゲーム説明が出ました。

ゲーム説明のあるウィンドウ

■ while 文

「while 文」は、条件が成り立つ限り、「インデント」したコードを繰り返しループ処理します。

[Python3 実行環境]

```
a = 0
while(a < 10):
  a += 1
  print(str(a));
```

「while 文」の次の行の「インデント」したコードで、「a 変数」に 1 を足します。

その次の「print 関数」で、**数値**である「a 変数」を「str 関数」で**文字列**に変換して「コマンドプロンプト」に表示します。

「while 文」で繰り返して、「a」が 10 になったら「while」ループを抜け出します。

■ for 文

「for 文」は指定した範囲内をループ処理します。

[Python3 実行環境]

```
for a in range(5):
  print(str(a))
```

「for 文」で“0”から“5 未満”までループ処理します。

「インデント」した print 関数で、「数値」である「a 変数」を「str」関数で文字列に変換して、「コマンドプロンプト」に"0"、"1"、"2"、"3"、"4"と表示されます。

■ リスト

「リスト」とは、「変数」を複数もつことができる下駄箱のような入れ物のことです。

[Python3 実行環境]

```
array = ["あ","い","う","え","お"]
print(array[4])
```

「array」が「リスト」を「[」と「]」の間で宣言しています。

リストの要素は**「0 インデックス」(array[0])**から始まり「1 インデックス」「2 インデックス」…となります。

ここではarray[0]が"あ"、array[1]が"い"、array[2]が"う"、array[3]が"え"、array[4]が"お"です。

「arrayリスト」の4インデックス、つまり5番目が、「print関数」で"お"と表示されます。
「リスト」の値は後からでも値を変更できます。

■「リスト」と「for文」

「for文」のループ処理は、「リスト」を使うことでもできます。

[Python3 実行環境]

```
array = ["あ","い","う","え","お"]
for a in array:
  print(a)
```

「for文」の「a変数」にはarray[0]～array[4]までの「文字列」が代入されます。
その文字列の「a変数」をprint関数で「コマンドプロンプト」に表示します。

■「snake02.py」のソース

「メモ帳」など「テキストエディタ」で、以下のように「snake02.py」ファイルをコーディングしてください。

その際、「文字コード」は必ず「Unicode」である「UTF-8」で保存してください。

[snake02.py]

```
import sys
import pygame
from pygame.locals import *                    ①
```

```
def main():
  pygame.init()
  screen = pygame.display.set_mode((800,600))
  pygame.display.set_caption("PyGame マウスカーソルに蛇が向かっ
てくるのでどこにもぶつけるな！")                          ②

  while(True):                                             ③
    for event in pygame.event.get():                       ④
      if event.type == QUIT:                               ⑤
        pygame.quit()                    #インデントを合わせる
        sys.exit()                       #インデントを合わせる
      if event.type == KEYDOWN:                            ⑥
        if event.key == K_ESCAPE:                          ⑦
          pygame.quit()                                    ⑧
          sys.exit()                                       ⑨

if __name__ == '__main__':
  main()
```

ソース解説

❶ pygame ゲームパッケージの「locals」モジュールを呼び出す。

「import pygame.locals」としたら、⑤で「pygame.locals.QUIT」と書くところ、「*」はモジュール名を書かなくても「QUIT」だけでモジュールを使えます。

❷ タイトルバーにゲームの説明の文字列を設定。

❸「while 文」でループ処理。

「while 文」の条件は常に「True(真)」なので、この条件においては永久に「インデント」された文を繰り返し実行し続けます。

❹「for 文」でイベントが起こった分だけループ。

「インデント」しているので、③の「while 文」の中で処理されます。

❺イベントがQUIT(終了ボタンなどが押された)だった場合。
「インデント」しているので、④の「for文」の中で処理されます。

❻イベントが「KEYDOWN(キーが押された)」の場合。
「インデント」しているので④の「for文」の中で処理されます。

❼キーが押されたイベントで「ESCキー」だった場合。
「インデント」しているので⑥の「if文」が成り立った場合に処理されます。

❽「pygame」を終了。
「インデント」しているので⑦の「if文」が成り立った場合に処理されます。

❾「Python3」のシステムを終了。
「インデント」しているので⑦の「if文」が成り立った場合に処理されます。
「while文」からも抜け出します。

3.3 「1ピクセルの点」の表示

この節では画面中央に、**「矩形描画機能」**を使って「1ピクセルの点」を表示します。

■「snake03.py」の実行

3-1の要領で「snake03.py」を実行すると、1ピクセルの点が表示されます。

「1ピクセルの点」を表示

■ タプル

「タプル」とは、「変数」を複数持つことができる下駄箱のような入れ物のことです。

[Python3 実行環境]

```
tuple = ("か","き","く","け","こ")
print(tuple[0])
```

「tuple」が「タプル」を「(」と「)」の間で宣言しています。

ここでは tuple[0] が"か"、tuple[1] が"き"、tuple[2] が"く"、tuple[3] が"け"、tuple[4] が"こ"です。

「tuple タプル」の 0 インデックス、つまり 1 番目が、print 関数で「コマンドプロンプト」に"か"が表示されます。

「リスト」に似ていますが、「リスト」とは違って「タプル」の値は最初に代入した値を変更できません。

■「snake03.py」のソース

「メモ帳」など「テキストエディタ」で、以下のように「snake03.py」ファイルをコーディングしてください。

[snake03.py]

```
import sys
import pygame
from pygame.locals import *

def main():
  pygame.init()
  screen = pygame.display.set_mode((800,600))
  pygame.display.set_caption("PyGame マウスカーソルに蛇が向かってくるのでどこにもぶつけるな！")
```

```
  surface = pygame.Surface(screen.get_size(), pygame.
HWACCEL)                                              ①
  x = 400                                             ②
  y = 300                                             ③

  while(True):
    rect = Rect(x,y,1,1)                              ④
    pygame.draw.rect(surface, (255,255,255), rect) ⑤
    screen.blit(surface, (0, 0))                      ⑥

    pygame.time.wait(10)                              ⑦
    pygame.display.update()                           ⑧

    for event in pygame.event.get(): # 終了処理
      if event.type == QUIT:
        pygame.quit()
        sys.exit()
        if event. key ==  K_ESCAPE:
          pygame. quit()
          sys.exit()

if __name__ == '__main__':
  main()
```

ソース解説

❶ 画像を描いてもっておくための「サーフィス」を、スクリーンサイズの幅高さで、ハードウェアの高速な処理でコピー描写します。

❷ x 変数に“400”を代入。
点の X 座標の初期位置に使います。

❸ y 変数に“300”を代入。

点の Y 座標の初期位置に使います。

❹ 矩形クラス「Rect」を「x 位置、y 位置、幅 1、高さ 1」で、「rect 変数」を宣言します。

❺ 色をタプルで (R,G,B)=(Red,Green,Blue)=(赤,緑,青)=(255,255,255) つまり白色で、④の「rect」変数の矩形で①の「サーフィス」に描画。
この時点では、まだ画面には表示されません。

❻ スクリーンに、⑤で描画した「サーフィス」を、タプル (X,Y)=(0,0) のスクリーン位置に描画。
これで画面に矩形が表示されます。

❼「while ループ」している間、毎回 10 ミリ秒間待ちます。
つまり「1 秒間」(1000 ミリ秒) に「100 コマ」処理します。

❽ 新たな画面に更新します。

3.4 「蛇」の表示

この節では、マウスカーソルに向かって 1 ピクセルの点を連ねて、蛇のようなラインを表示します。

■「snake04.py」の実行

3-1 の要領で「snake04.py」を実行すると、カーソルキーを追って 1 ピクセルの点がどんどん追加されます。

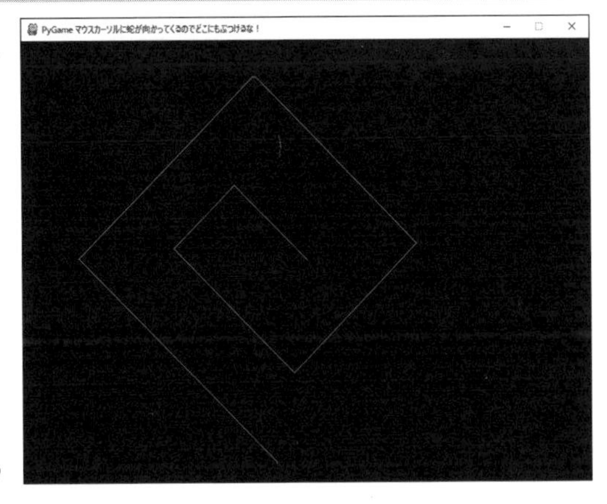

蛇のように点が連なる

■ if-else文

「if文」は、もし条件が成り立ったときだけ分岐するのではありません。
「条件が成り立たなかった場合」の処理も分岐できます。

[Python3 実行環境]

```
a = 2
if a == 0:
  print("aは0です。")
elif a == 1:
  print("aは1です。")
else:
  print("aは0でも1でもありません。")
```

「if文」が判定され成り立たず、その後の「elif」文も成り立たないので、「else:」だけが処理されます。

コマンドプロンプトには"aは0でも1でもありません。"が表示されます。

■ 加減乗除

変数を**「加減乗除」**する計算は、以下のようになります。

[Python3 実行環境]

```
a  = 10
a += 2 #aに2を加算
a -= 2 #aから2を減算
a *= 2 #aに2を乗算
a /= 2 #aから2を除算
```

これは、分かりやすく書くと、以下のようになります。

[Python3 実行環境]

```
a = 10
a = a + 2      #aに2を加算
a = a - 2      #aから2を減算
a = a * 2      #aに2を乗算
a = a / 2      #aから2を除算
```

■「snake04.py」のソース

「メモ帳」など「テキストエディタ」で、以下のように「snake04.py」ファイルをコーディングしてください。

[snake04.py]

```
(前略)
def main():
(中略)
  while(True):
    pos = pygame.mouse.get_pos()              ①
    if x < pos[0]:                            ②
      x += 1                                  ③
    else:                                     ④
      x -= 1                                  ⑤
    if y < pos[1]:                            ⑥
      y += 1                                  ⑦
    else:                                     ⑧
      y -= 1                                  ⑨
    rect = Rect(x,y,1,1)
    pygame.draw.rect(surface, (255,255,255), rect)
    screen.blit(surface, (0, 0))

    pygame.time.wait(10)
    pygame.display.update()
(後略)
```

ソース解説

❶ マウスの座標がタプル(X,Y)で返され、「pos」変数に代入されます。

❷「x」変数が、「マウスのX座標」より小さい場合。

❸ ②が成り立った場合、「x」変数に“1”を加算。

❹ ②が成り立たなかった場合。

❺ ④の場合、x 変数から “1” を減算。

❻「y」が、「マウスの Y 座標」より小さい場合。

❼ ⑥が成り立った場合、y 変数に “1” を加算。

❽ ⑥が成り立たなかった場合。

❾ ⑧の場合、y 変数から “1” を減算。

このコードで、「点を描画する座標」(x,y) がマウスカーソルに 1 歩ずつ近づきます。

3.5 「ゲームオーバー」と「ゲームの再スタート」

この節では、点がぶつかった場合、ゲームオーバーとなり、ゲームを最初からやり直します。

■「snake05.py」の実行

3-1 の要領で「snake05.py」を実行すると、点がぶつかるとゲームオーバーになり再スタートします。

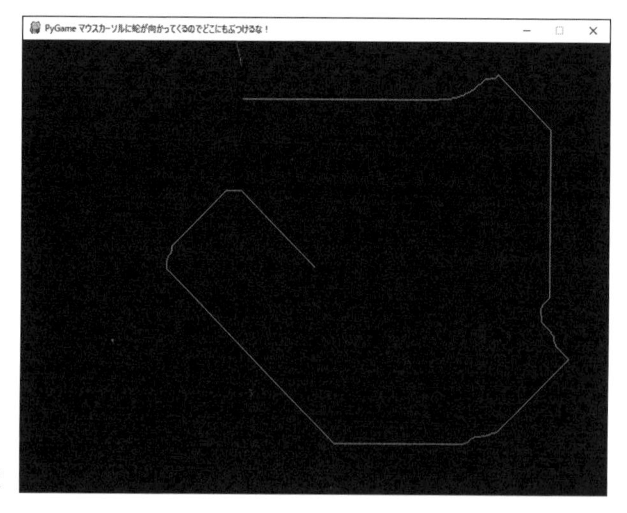

点がぶつかったか判定

■ 点の当たり判定

白い点同士の**「当たり判定」**を決めます。

次に点を描く位置に既に白い点があれば、衝突したとして、ゲームオーバーとなります。

「color = screen.get_at((x,y))」で次に点を描く「位置」(x,y)の「色」(R,G,B)を取得できます。

その色を「if color[0] == 255:」で数値を調べて、"255"であればゲームを再スタートします。

■「snake05.py」のソース

「メモ帳」など「テキストエディタ」で、以下のように「snake05.py」ファイルをコーディングしてください。

[snake05.py]

```
(前略)
def main():
(中略)
  while(True):
(中略)
    rect = Rect(x,y,1,1)
    color = screen.get_at((x,y))                    ①
    pygame.draw.rect(surface, (255,255,255), rect)
    screen.blit(surface, (0, 0))

    if color[0] == 255:                             ②
      surface.fill((0,0,0))                         ③
      screen.blit(surface, (0, 0))                  ④
      x = 400                                       ⑤
      y = 300                                       ⑥
```

```
    pygame.time.wait(10)
    pygame.display.update()
(後略)
```

ソース解説

❶ (x,y) 座標の1ピクセルのスクリーンの色 (R,G,B) をタプルで取得して、「color 変数」に代入。

❷ color の 0 インデックス、つまり「R」(赤色) が 255 の場合、ゲームを再スタート。

❸ ②が成り立った場合、「サーフィス」全体を (R,G,B)=(0,0,0) の黒で塗り潰す。

❹ ②が成り立った場合、スクリーンに真っ黒の「サーフィス」を表示。

❺ ②が成り立った場合、「x 変数」を初期位置“400”に設定。

❻ ②が成り立った場合、「y 変数」を初期位置“300”に設定。

3.6 「スコア表示」

この節では、ゲーム再スタート時に前回のゲームのスコアとハイスコアを表示します。

これで、ゲームの完成です。

■「snake06.py」の実行

3-1 の要領で「snake06.py」を実行すると、ゲームオーバー後の再スタート時に、スコアとハイスコアが表示されます。

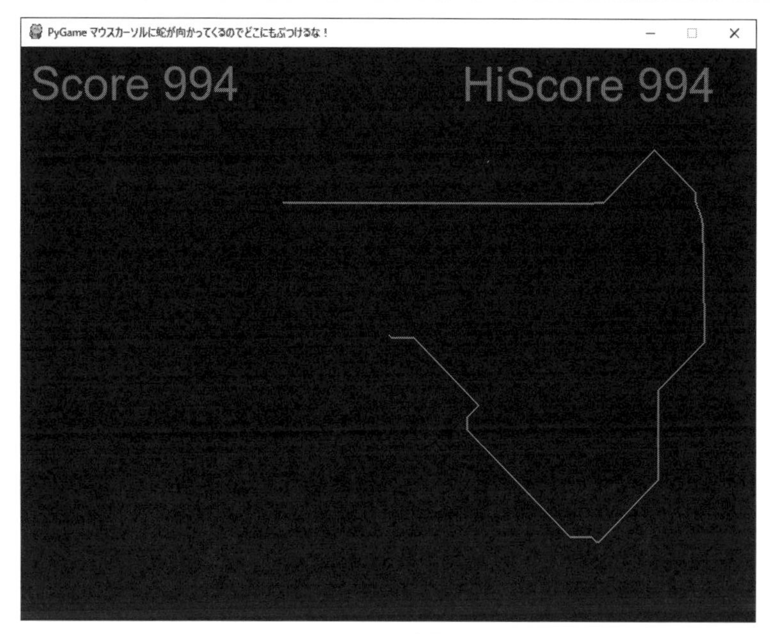

スコアの表示

■ 文字列連結

文字列や文字列変数を繋げるには、**「+」**を使います。

[Python3 実行環境]

```
a = " おはよう "
b = " ます "
print(a+" ござい "+b)
```

■「snake06.py」のソース

「メモ帳」など「テキストエディタ」で、以下のように「snake06.py」ファイルをコーディングしてください。

[snake06.py]

```
(前略)
def main():
(中略)
  font = pygame.font.SysFont("Arial",50)          ①
  score = 0                                       ②
  hi_score = 500                                  ③

  while(True):
(中略)
    score += 1                                    ④

    if color[0] ==  255:
(中略)
      text = font.render("Score  "+str(score),True,
(0,0,255))                                        ⑤
      surface.blit(text,(10,10))                  ⑥
      if score >= hi_score:                       ⑦
        hi_score = score                          ⑧
      text = font.render("HiScore  "+str(hi_score),
True,(0,0,255))                                   ⑨
      surface.blit(text,(480,10))                 ⑩
      score = 0                                   ⑪
(後略)
```

ソース解説

❶ フォントを「Arial」に設定して、font 変数に代入。

❷ スコアを 0 点に初期化。

❸ 最初のハイスコアを 500 点にする。

❹ while ループのたびにスコアを 1 点ずつ加算。

❺ ゲーム再スタート時に、文字列「Score（点数）」を text 変数に描画。

❻ text 変数をサーフィスに (X,Y)=(10,10) の位置に描画。

❼ もしスコア score 変数がハイスコア hi_score 変数以上の場。

❽ ⑦が成り立つ場合 hi_score に score を代入。

❾ 文字列「HiScore（ハイスコア）」を text 変数に描画。

❿ text 変数をサーフィスに (X,Y)=(480,10) の位置に描画。

⓫ score を 0 点に初期化。

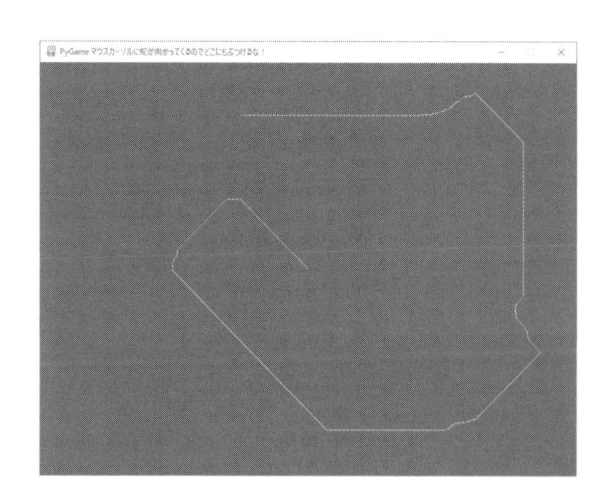

コラム 「exeファイル」に書き出し

本書では「Python3」の環境を入れるので、「pyファイル」だけでも実行することができますが、もしゲームを配布したい場合は、実行形式の**「exeファイル」**に書き出しましょう。

それには**「PyInstaller」**パッケージが必要です。

Windowsで「コマンドプロンプト」を起動して、「pip」で「PyInstaller」パッケージをインストールします。

```
pip install pyinstaller
```

サンプル「PyGameSamples.zip」の「exola12.py」を「exeファイル」に書き出すことにします。

```
cd c:¥Users¥(ユーザー名)¥Documents¥PyGame¥exola
pyinstaller exola12.py --onefile --noconsole
```

いくつかのファイルとフォルダが作成され、「dist」フォルダ内の「exola12.exe」と、同じフォルダに、アセットの「data」フォルダがあれば実行できます。

第4章

「共通点を探せ！クイズ」の開発

この章では、Windows と macOS で、「Python3 + pygame」の「共通点を探せ！」クイズを開発します。

このプログラムを作るのは簡単ですが、絵を用意するのが面倒かもしれません。
絵の代わりに写真でもいいでしょう。

4.1 最小限のコード

この節では、「3-1」「3-2」と同じくテンプレート的なソースコードなので、「common01.py」が実行できればいいです。

■「common01.py」の実行

Windows なら **3-1** の要領で、

```
cd c:¥Users¥(ユーザー名)¥Documents¥PyGame¥common
```

で、カレントディレクトリを変更し、「common01.py」を実行します。

macOS なら、

```
cd ~/Documents/PyGame/common
```

で、カレントディレクトリを変更し、「python3 common01.py」を実行します。

すると、画像のように、真っ黒な画面が出て、タイトルバーにゲーム説明が出ました。

タイトルバーにゲーム説明のあるウィンドウ

■「common01.py」のソース

「メモ帳」など「テキストエディタ」で、以下のようにコーディングして、エンコードを「UTF-8」で保存してください。

テキストエディタによっては「文字コード」を「UTF-8」にして保存しても、別の「文字コード」に変わっていることがあります。

その場合は、「#終了処理」などの全角文字を入れて、「UTF-8」にして保存してください。

「#」は「コメント文」つまりプログラムの実行では無視されるメモを書いておく機能です。

[common01.py]

```
import sys
import pygame
from pygame.locals import *
```

```
def main():
  pygame.init()
  screen = pygame.display.set_mode((540, 888))
  pygame.display.set_caption("PyGame クリックして2つの画像を切り替えて共通点を探そう！")     ①

  while(True):
    pygame.display.update()     ②

    for event in pygame.event.get():  # 終了処理
      if event.type == QUIT:
        pygame.quit()
        sys.exit()
      if event.type == KEYDOWN:
        if event.key == K_ESCAPE:
          pygame.quit()
          sys.exit()

if __name__ == "__main__":
  main()
```

ソース解説

「3-1」「3-2」とほとんど同じです。

❶ ウィンドウのタイトルバーにゲーム説明を設定します。

❷ 画面を新たな画面に更新します。

4.2 「画像」の表示

この節では、「画像ファイル」を表示します。

■「common02.py」の実行

4-1 の要領で「common02.py」を実行すると、「キッチン」の画像が表示されます。

キッチンの画像

■ 例外処理

「例外処理」は、プログラム実行中にエラーが起きても安全にプログラムを実行するための機能です。

「try」文中でエラーが起こった場合、「例外処理」として「except」文を実行します。

[Python3 実行環境]

```
try:
    a = 1 / 0
except ZeroDivisionError:
    print('Error')
```

「0」で除算は不可能なので、“Error”が表示されます。

■ リストの追加

リストの要素は、「0 個」で初期化して、要素を追加することができます。

[Python3 実行環境]

```
array = []                          #リストの初期化
array.append("こんにちは")          #array[0]に「こんにちは」を追加
array.append("さようなら")          #array[1]に「さようなら」を追加
print(array[1])
```

「array リスト」の1インデックスは、2番目に append 追加した“さようなら”が表示されます。

■「common02.py」のソース

「メモ帳」など「テキストエディタ」で、以下のようにコーディングしてください。

[common02.py]

```
import sys
import os.path                                              ①
import pygame
from pygame.locals import *

main_dir = os.path.split(os.path.abspath(__file__))[0] ②
```

```
def load_image(file):                                          ③
  file = os.path.join(main_dir, 'data', file)                 ④
  try:                                                         ⑤
    surface = pygame.image.load(file)                          ⑥
  except pygame.error:                                         ⑦
    raise SystemExit('Could not load image "%s" %s'%(file,
pygame.get_error()))                                           ⑧
  return surface.convert_alpha()                               ⑨

def main():
  pygame.init()
  screen = pygame.display.set_mode((540,888))
  pygame.display.set_caption("PyGame クリックして 2 つの画像を切
り替えて共通点を探そう！ ")

  images = []                                                  ⑩
  images.append(load_image("0.jpg"))                           ⑪
  images.append(load_image("1.jpg"))                           ⑫
  rect = images[0].get_rect()                                  ⑬

  while(True):
    screen.blit(images[0], rect)                               ⑭
    pygame.display.update()
( 後略 )
```

ソース解説

❶ パス（フォルダの階層）を操作できる「モジュール」の「import」。

❷ 実行中の「common02.py」が存在するパスを「main_dir」に取得。

❸「file 名」の画像ファイルを読み込む関数。

❹「main_dir」の後ろに「data」フォルダ名を付け、さらに file 名を付けたファイル名を「file」に代入。

❺「try:」の次の行に「例外」があるか、実行中にエラーを検出。

❻ 画像ファイル「file」を読み込んで「サーフィス」に代入。

❼ ⑥で pygame の「例外」があった場合の処理を実行。

❽ ⑦で例外があった場合、“画像を読み込めなかった”旨のエラーを出し、システムを終了。

❾ ⑥で読み込んだ画像ファイルを、「アルファ」(透明度)をもたせたまま「サーフィス」で返す。

❿ クイズ問題の画像の「images リスト」を初期化。

⓫「0.jpg」画像を読み込んで「images リスト」の最後に追加。
images[0] に格納されます。

⓬「1.jpg」画像を読み込んで「images リスト」の最後に追加。
images[1] に格納されます。

⓭ images[0] の画像のサイズ「左 , 上 , 幅 , 高さ」を取得。

⓮ images[0] を、画像のサイズとピッタリにスクリーンに描画。

4.3 「画像」の切り替え

この節では、マウスをクリックしたら 2 枚の画像が交互に切り替わるようにします。

■「common03.py」の実行

4-1 の要領で「common03.py」を実行すると、クリックで画像が切り替わります。

画像が切り替わる

■ 剰余

「剰余」とは、数値を除算した余りの数値のことです。

［Python3 実行環境］

```
a = 10
b = a % 3
print(str(b))
```

「a 変数」を"3"で除算した余り"1"が「b 変数」に代入され、「str 関数」で b 変数を文字列にして "1" を表示します。

■「common03.py」のソース

「メモ帳」など「テキストエディタ」で、以下のようにコーディングしてください。

[common03.py]

```
(前略)
def main():
(中略)
  current = 0                                    ①

  while(True):
    screen.blit(images[current], rect)           ②
    pygame.display.update()

    for event in pygame.event.get():
      if event.type == MOUSEBUTTONUP:            ③
        current = (current + 1) % 2              ④
(後略)
```

ソース解説

❶ 現在の画像の番号の「current 変数」に“0”を代入します。

❷ 描画する画像を「images リスト」の current インデックスにします。

❸ もしマウスがリリースされた場合です。

❹ ③が成り立った場合、「current 変数」に 1 を足して、それを 2 で除算した余りを「current 変数」に代入します。

4.4 解答の赤丸を表示

この節では、2 枚の画像の共通点の解答である「赤丸」を、それぞれの「問題画像」の上に表示します。

■「common04.py」の実行

4-1 の要領で「common04.py」を実行すると、解答の赤丸が表示されます。

共通点の赤丸画像を描画

■「common04.py」のソース

「メモ帳」など「テキストエディタ」で、以下のようにコーディングしてください。

[common04.py]

```
(前略)
ANSWER_X = 385                                      ①
ANSWER_Y = 175                                      ②
ANSWER2_X = 160                                     ③
ANSWER2_Y = 165                                     ④
(中略)
def main():
(中略)
  answer_image = load_image("Answer.png")           ⑤
  answer_rect = answer_image.get_rect()             ⑥

  while(True):
    screen.blit(images[current], rect)
    if current ==  0:                               ⑦
      answer_rect.left = ANSWER_X                   ⑧
      answer_rect.top = ANSWER_Y                    ⑨
    else:                                           ⑩
      answer_rect.left = ANSWER2_X                  ⑪
      answer_rect.top = ANSWER2_Y                   ⑫
    screen.blit(answer_image, answer_rect)          ⑬
    pygame.display.update()
(後略)
```

ソース解説

❶ 1枚目の画像の解答の左位置。

❷ 1枚目の画像の解答の上位置。

❸ 2枚目の画像の解答の左位置。

❹ 2枚目の画像の解答の上位置。

❺ 答えの赤丸画像「Answer.png」を読み込む。

❻「Answer.png」のサイズ「左 , 上 , 幅 , 高さ」。

❼ もし、現在の画像インデックスが”“0”の場合。

❽ ⑦が成り立った場合、解答の赤丸の**左位置**に①を代入。

❾ ⑦が成り立った場合、解答の赤丸の**上位置**に②を代入。

❿ ⑦が成り立たなかった場合。

⓫ ⑩の場合、解答の赤丸の**左位置**に③を代入。

⓬ ⑩の場合、解答の赤丸の**上位置**に④を代入。

⓭ 解答の赤丸画像をスクリーンに描画。

4.5 正解判定

この節では初め赤丸を隠し、クリックした地点が正解なら「赤丸」を表示します。

■「common05.py」の実行

4-1 の要領で「common05.py」を実行すると、赤丸のない画面をクリックで正解した場合に赤丸が表示されます。

クリックで正解判定

■ 関数の「引数」と「戻り値」

関数は、**「引数」**(ひきすう)に値を渡して、以下のように呼び出せます。

```
def 関数名 ( 引数 1, 引数 2,…):
```

たとえば、以下のように「plus 関数」に「引数 a,b」を渡せば、"5" と表示されます。

[Python3 実行環境]

```
def plus(a,b):
  print(str(a+b))

plus(2,3)
```

関数は**「戻り値」**として値を返せます。

```
def 関数名(引数1,引数2,…):
        return 戻り値
```

これも、たとえば以下のように「minus 関数」に「引数 a,b」を渡せば、「answer 変数」に“8”が代入されます。

[Python3 実行環境]

```
def minus(a,b):
  return a-b

answer = minus(10,2)
```

■「common05.py」のソース

「メモ帳」など「テキストエディタ」で、以下のようにコーディングしてください。

[common05.py]

```
(前略)
def isRight(current,pos):                                ①
  if current == 0:                                       ②
    if pos[0] > ANSWER_X and pos[0] < ANSWER_X+100 and
pos[1] > ANSWER_Y and pos[1] < ANSWER_Y+100:    ③
      return True                                        ④
  elif pos[0] > ANSWER2_X and pos[0] < ANSWER2_X+100 and
pos[1] > ANSWER2_Y and pos[1] < ANSWER2_Y+100: ⑤
    return True                                          ⑥
  return False                                           ⑦

def main():
```

```
(中略)
  finish = False                                    ⑧

  while(True):
    screen.blit(images [current], rect)
    if finish:                                      ⑨
      if current == 0: #インデントを合わせる
        answer_rect.left = ANSWER_X       #インデントを合わせる
        answer_rect.top = ANSWER_Y        #インデントを合わせる
      else:   #インデントを合わせる
        answer_rect.left = ANSWER2_X      #インデントを合わせる
        answer_rect.top = ANSWER2_Y       #インデントを合わせる
      screen.blit(answer_image, answer_rect ) #インデントを合わせる
    pygame.display.update()

    for event in pygame.event.get():
      if event.type == MOUSEBUTTONUP:
        pos = pygame.mouse.get_pos()                ⑩
        if isRight(current, pos):                   ⑪
          finish = True                             ⑫
        current = (current + 1) % 2
(後略)
```

ソース解説

❶ クリックした「pos 位置」が、正解かどうかを取得する関数。

❷ もし現在の問題画像のインデックスが 0 の場合。

❸ ②が成り立った場合、「pos」の **X 座標**が「ANSWER_X」より大きくて「ANSWER_X+100」より小さく、かつ、**Y 座標**が「ANSWER_Y」より大きく「ANSWER_Y+100」より小さい場合。

❹ ③が成り立った場合、戻り値“True”を返します。

❺ ②が成り立たなかった場合、「pos」の **X座標**が「ANSWER2_X」より大きくて「ANSWER2_X+100」より小さく、かつ、**Y座標**が「ANSWER2_Y」より大きく「ANSWER2_Y+100」より小さい場合。

❻ ⑤が成り立った場合、戻り値“True”を返す。

❼ ②も⑤も成り立たなかった場合、戻り値“False”を返す。

❽ ゲームが正解したか、初期値はまだ正解していない“False”を代入。

❾ もし、ゲームが正解している場合。

❿「マウス座標」(X,Y) を取得して、「pos タプル」に代入。

⓫ 引数に現在の画像とマウス座標を渡して、①の「isRight 関数」を呼び出した戻り値が“True”の場合。

⓬ ⑪が成り立った場合、finish に“True”を代入。

4.6 「サウンド」の再生

この節では、「正解音」と「間違い音」のサウンドを再生できるようにします。

■「common06.py」のソース

4-1 の要領で「common06.py」を実行すると、正解したら「正解音」を、間違ったら「間違い音」を再生します。

サウンドの再生

■ クラス

「クラス」について、簡単に説明します。
詳しくは後の章で説明します。

```
class クラス名：
  def メソッド名：

変数 = クラス名()
```

解説

「class」でクラスを宣言します。
「class」内で宣言した関数を**「メソッド」**と呼びます。

「変数＝クラス名()」でクラスの**「インスタンス」**を生成して、変数に代入します。
「インスタンス」とは「実体」意味し、クラスの機能を使える変数みたいなものです。

■「common06.py」のソース

「メモ帳」など「テキストエディタ」で、以下のようにコーディングしてください。

[common06.py]

```
(前略)
class dummysound:                                          ①
  def play(self): pass                                     ②

def load_sound(file):                                      ③
  if not pygame.mixer: return dummysound()                 ④
  file = os.path.join(main_dir, 'data', file)              ⑤
  try:                                                     ⑥
    sound = pygame.mixer.Sound(file)                       ⑦
    return sound                                           ⑧
  except pygame.error:                                     ⑨
    print ('Warning, unable to load, %s' % file)           ⑩
  return dummysound()                                      ⑪

def main():
(中略)
  right_sound = load_sound('Right.wav')                    ⑫
  mistake_sound = load_sound('Mistake.wav')                ⑬
```

```
  while(True):
（中略）
    for event in pygame.event.get():  # 終了処理
      if event.type == MOUSEBUTTONUP:
        pos = pygame.mouse.get_pos()
        if isRight (current,pos):
          finish = True
          right_sound.play()                        ⑭
        else:                                       ⑮
          mistake_sound.play()                      ⑯
        current = (current + 1) % 2
（後略）
```

ソース解説

❶「ダミー」のサウンドクラス。

❷「ダミー」のサウンドクラスの再生メソッド。

❸「file 名」のサウンドを読み込む関数。

❹「pygame」のサウンドが使えなかった場合、「ダミー」のサウンドクラスを“戻り値”として返す。

❺この「common06.py」があるフォルダ名に、「data フォルダ名」と「file 名」を足したパス名を「file」変数に代入。

❻⑦で例外が起こらないかを調べる。

❼「Sound」クラスを生成して、「file」サウンドを読み込む。

❽サウンドクラスのインスタンスを“戻り値”として返します。

❾ サウンドの読み込みに「エラー」が出た場合。

❿ ⑨の場合、警告メッセージを表示します。

⓫「ダミー」のサウンドクラスを“戻り値”として返す。

⓬ 正解音「Right.wav」を読み込み。

⓭ 間違い音「Mistake.wav」を読み込み。

⓮ 正解した場合、正解音を鳴らす。

⓯ 正解しなかった場合。

⓰ ⑮の場合、間違い音を鳴らす。

第5章

「自動車ゲーム」の開発

この章では、「カーソルキー」で自動車を操作するミニゲームの開発をします。
クラスを使った「オブジェクト指向プログラミング」を行ない、「モジュール化」についても、簡単に説明します。

5.1 最小限のコード

この節では、「3-1」「3-2」と同じく、テンプレート的なソースコードなので、「car01.py」が実行できればいいです。

■「car01.py」の実行

Windowsなら**3-1**の要領で、

```
cd c:¥Users¥(ユーザー名)¥Documents¥PyGame¥car
```

で、カレントディレクトリを変更し、「car01.py」を実行します。

macOSなら、

```
cd ~/Documents/PyGame/car
```

で、カレントディレクトリを変更し、「python3 car01.py」を実行します。

すると、画像のような画面が出て、タイトルバーにゲーム説明が出ます。

ゲーム説明のあるウィンドウ

■「car01.py」のソース

「メモ帳」など「テキストエディタ」で、以下のようにコーディングして、エンコードを「UTF-8」で保存してください。

[car01.py]

```
import sys
import pygame
from pygame.locals import *

def main():
  pygame.init()
  screen = pygame.display.set_mode((960,700))
  pygame.display.set_caption("PyGame カーソルキーで自動車を操作しよう！")                    ①

  while(True):
```

```
    screen.fill((0,128,0))                             ②
    pygame.time.wait(30)                               ③
    pygame.display.update()                            ④
    for event in pygame.event.get():
      if event.type == QUIT:
        pygame.quit()
        sys.exit()
      if event.type == KEYDOWN:
        if event.key == K_ESCAPE:
          pygame.quit()
          sys.exit()

if __name__ == "__main__":
  main()
```

ソース解説

「3-1」「3-2」とほとんど同じです。

❶ ウィンドウのタイトルバーに「ゲーム説明」を設定。

❷ (R,G,B)=(0,128,0)、つまり「深緑色」でスクリーンを塗り潰します。

❸「while ループ」のたびに、30 ミリ秒待ちます。
つまり「1 秒間」(1000 ミリ秒)に「33.333…」コマを処理することになります。

❹ 画面を新しいものに更新します。

5.2 「背景」の表示

この節では、**背景画像**を読み込んで背景を表示します。
また、「クラス」を宣言して、「オブジェクト指向」を解説します。

■「car02.py」の実行

5-1 の要領で「car02.py」を実行すると、背景画像を読み込んで「自動車のコース」を表示します。

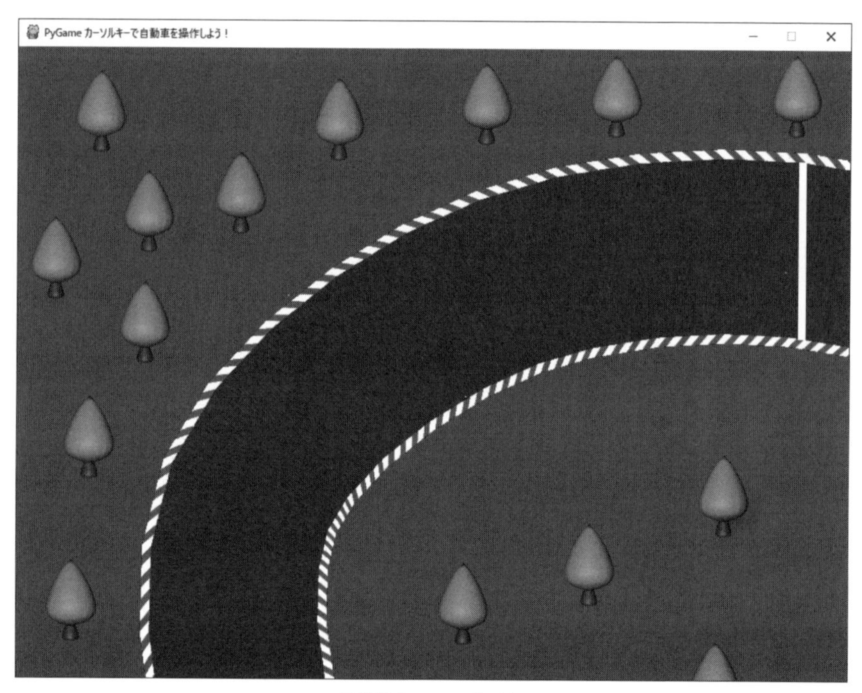

自動車のコースを表示

■「クラス」と「インスタンス」について

「クラス」を宣言し、クラス内に「プロパティ」と「メソッド」を追加。
そして「インスタンス」を生成し、メソッドを実行する。。
これらを、**「オブジェクト指向」**と呼びます。

```
class クラス名：
プロパティ
  def __init__(self):
    (初期化)
  def メソッド名(self, 引数1, 引数2,…):
    (処理)
(改行)
変数 = クラス名()
変数.メソッド名()
```

たとえば、以下のようなクラスが作れます。

[Python3 実行環境]

```
class Class1():
  str1 = ""
  def __init__(self):
    self.str1 = "str1プロパティ"
  def disp1(self):
    print(self.str1)
  def disp2(self,s):
    print(s)

c1 = Class1()
c1.disp1()
c1.disp2("disp2メソッド")
```

「Class1」クラスは、プロパティ「str1」をもちます。

「c1 = Class1( )」でインスタンスを生成するとき「__init__」メソッドが呼ばれ、「self.str1」プロパティに"str1 プロパティ"が代入されます。

「c1.disp1」メソッドで"str1 プロパティ"が表示され、「c1.disp2」メソッドで"disp2 メソッド"が表示されます。

メソッドの「第1引数」は、必ず「self」になります。

ただし、メソッドを呼ぶとき、「self引数」は省略されます。
クラスのプロパティは、メソッド内で使うとき、必ず前に「self.」が付きます。

■「car02.py」のソース

「メモ帳」など「テキストエディタ」で、以下のようにコーディングしてください。

[car02.py]

```
import sys
import os.path                                                      ①
import pygame
from pygame.locals import *

main_dir = os.path.split(os.path.abspath(__file__))[0] ①

def load_image(file):                                               ①
  file = os.path.join(main_dir,'data',file)                         ①
  try:                                                              ①
    screen = pygame.image.load(file)                                ①
  except pygame.error:                                              ①
    raise SystemExit('Could not load image "%s" %s'%(file,
 pygame.get_error()))                                               ①
  return screen.convert_alpha()                                     ①

class Road():                                                       ②
  image = None                                                      ③
  rect = Rect(0,0,0,0)                                              ④
  def __init__(self):                                               ⑤
    self.image = load_image("Road.png")                             ⑥
    self.rect = self.image.get_rect()                               ⑦
```

```
  def draw(self,screen):                                ⑧
    screen.blit(self.image, self.rect)                   ⑨

def main():
(中略)
  road = Road()                                         ⑩
  while(True):
    screen.fill((0,128,0))
    road.draw(screen)                                   ⑪
(後略)
```

ソース解説

❶ 4-2 に出てくるものとまったく同じです。

❷ 背景の「Road」クラスの宣言。

❸「image」プロパティに“None(無)”を代入。

❹「rect」プロパティを、矩形の「Rect」クラスのインスタンスにする。

❺「Road」クラスのインスタンスを生成するときに呼ばれる初期化メソッド。

❻「Road.png」画像を読み込んで、「self.image」プロパティに代入。

❼「self.rect」プロパティに、「self.image」の「左,上,幅,高さ」を示した、「Rect」クラスのインスタンスを代入。

❽「Road」クラスの「draw」メソッドの宣言。

❾「self.image」を「self.rect」の位置でスクリーンに表示。

⑩「Road」クラスのインスタンスを生成し、「road」変数に代入。

⑪「Road」クラスの「draw」メソッドを呼び出します。

5.3 「自動車」の表示

この節では、「自動車の画像」を背景の上に表示します。

■「car03.py」の実行

5-1 の要領で「car03.py」を実行すると、背景の上に車の画像を表示します。

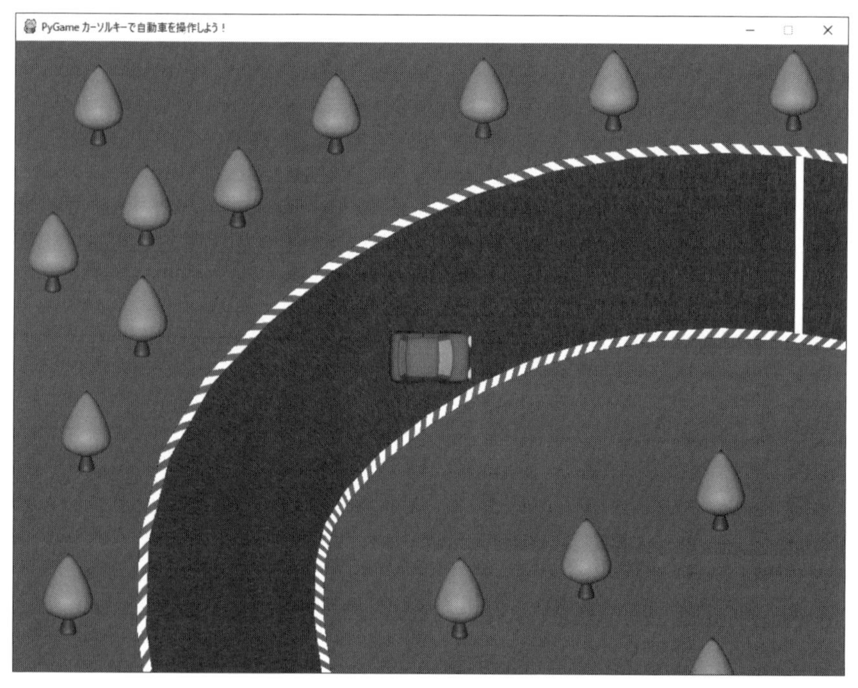

自動車の表示

■「car03.py」のソース

「メモ帳」など「テキストエディタ」で、以下のようにコーディングしてください。

[car03.py]

```
(前略)
CENTER_LEFT = int((960-100)/2)              ①
CENTER_TOP = int((700-100)/2)               ②
(中略)
class Player():                             ③
  image = None                              ④
  rect = Rect(0,0,100,100)                  ⑤
  def __init__(self):                       ⑥
    self.image = load_image("Car.png")      ⑦
    self.rect = self.image.get_rect()       ⑧
    self.rect.left = CENTER_LEFT            ⑨
    self.rect.top = CENTER_TOP              ⑩

  def move(self,screen):                    ⑪
    screen.blit(self.image, self.rect)      ⑫
(中略)
def main():
(中略)
  road = Road()
  player = Player()                         ⑬
  while(True):
    screen.fill((0,128,0))
    road.draw(screen)
    player.move(screen)                     ⑭
(後略)
```

ソース解説

❶ 自動車は常に画面中央にあり、自動車の「左位置」。

❷ 自動車は常に画面中央にあり、自動車の「上位置」。

❸ 自動車の「Player」クラスの宣言。

❹「image」プロパティに「None(無)」を代入して宣言。

❺「Rect」クラスのインスタンスを生成して、「rect」プロパティに代入。

❻「Player」クラスのインスタンスを生成するときに呼ばれる初期化メソッド。

❼「Car.png」画像を読み込んで、「self.image」プロパティに代入。

❽「self.image」のサイズ(左,上,幅,高さ)を「self.rect」に代入。

❾ 自動車画像の「左位置」に①を代入。

❿ 自動車画像の「上位置」に②を代入。

⓫「Player」クラスの「move」メソッドの宣言。

⓬「self.image」を「self.rect」の位置でスクリーンに表示。

⓭「Player」クラスのインスタンスを生成して、「player」変数に代入。

⓮「Player」クラスの「move」メソッドを呼び出し。

5.4 「自動車」の回転

この節では、カーソルキーの「←→」で自動車を回転させます。

■「car04.py」の実行

5-1 の要領で「car04.py」を実行すると、カーソルキーの「左」か「右」を押すことで自動車を回転させることができます。

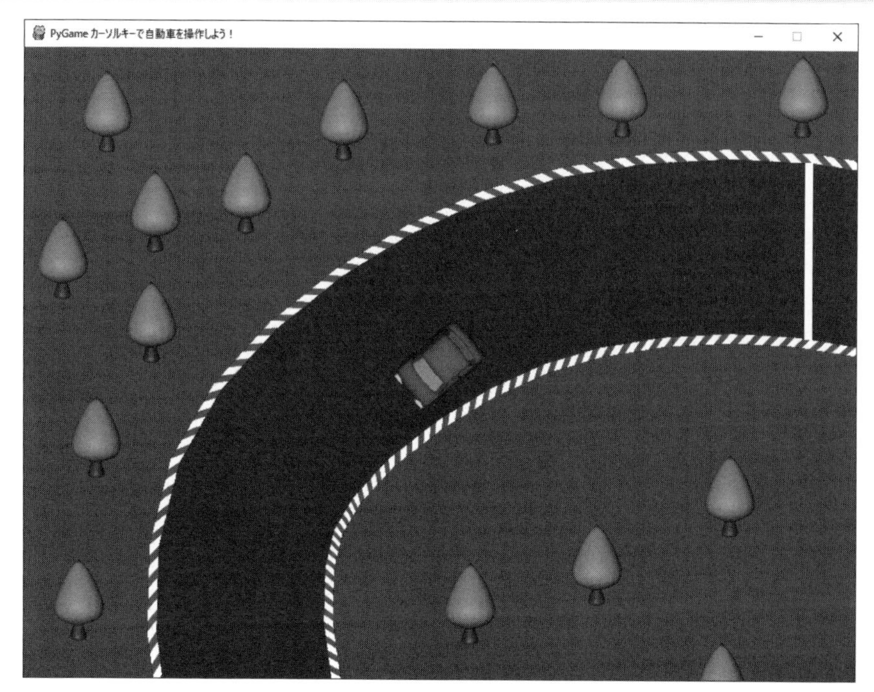

自動車の回転

■「car04.py」のソース

「メモ帳」など「テキストエディタ」で、以下のようにコーディングしてください。

[car04.py]

```
(前略)
class Player():
  image = None
  rect = Rect(0,0,100,100)
  rotation = 0                                              ①
(中略)
  def move(self,screen):
    keystate = pygame.key.get_pressed()                     ②
    if keystate[K_LEFT]:                                    ③
```

```
      self.rotation += 2                                ④
    if keystate[K_RIGHT]:                               ⑤
      self.rotation -= 2                                ⑥
    center = self.rect.center                           ⑦
    clone = pygame.transform.rotate(self.image,self.
rotation)                                               ⑧
    new_rect = clone.get_rect(center = center)          ⑨
    screen.blit(clone, new_rect)                        ⑩
(後略)
```

ソース解説

❶ 回転角度「rotation」プロパティに“0度”を代入。

❷ キーが押されている間の「押されたキー」を取得。

❸ カーソルキー「左」が押された場合。

❹ ③が成り立った場合、回転角度に“2”を加算。

❺ カーソルキー「右」が押された場合。

❻ ⑤が成り立った場合、回転角度から“2”を減算。

❼ 回転する前の自動車画像の「中心位置」(X,Y)を取得。

❽ 自動車画像「self.image」を、「self.rotation」だけ回転させた画像を「clone」に代入。
　元の「self.image」は回転しません。

❾「clone」の中心点に「center」変数を代入して、サイズを取得。

❿「self.image」の代わりに「clone」をスクリーンに表示。

5.5 「自動車」の移動

この節では、カーソルキーの「↑」で自動車を前進させます。

■「car05.py」の実行

5-1 の要領で「car05.py」を実行すると、カーソルキー上で車を前進させられます。

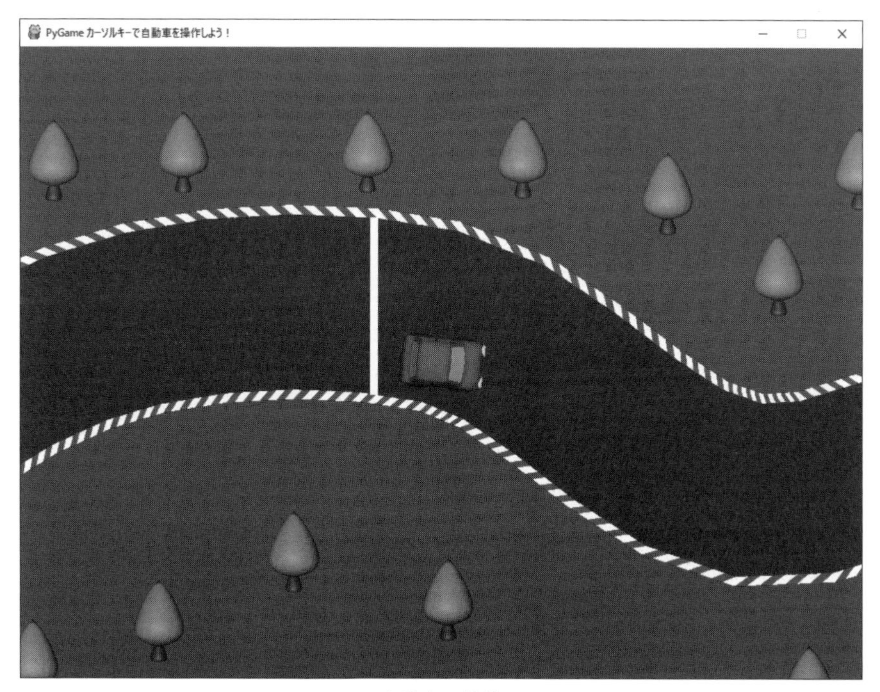

自動車の前進

■ 数学モジュール

「math」モジュールを import することで、「三角関数」などの数学関数が使えます。

---

ceil(x)　　：「小数 x」を、整数に**切り上げ**。
floor(x)　 ：「小数 x」を、整数に**切り下げ**。
radians(x)：「x 度」を、**「ラジアン」に変換**。

degrees(x) ：「x ラジアン」を、**「度」**に変換。
sin(x) ：「x ラジアン」の**「正弦」**を取得。
cos(x) ：「x ラジアン」の**「余弦」**を取得。
tan(x) ：「x ラジアン」の**「正接」**を取得。
pi ：π (3.141592…) の定数。

※「ラジアン」とは、「円周上の角度」(弧度)の単位です。

■「car05.py」のソース

「メモ帳」など「テキストエディタ」で、以下のようにコーディングしてください。

[car05.py]

```
import math                                          ①
(中略)
class Player():
  image = None
  rect = Rect(0,0,100,100)
  rotation = 0
  pos = [0,0]                                        ②
  speed = 0                                          ③
(中略)
  def move(self,screen):
    keystate = pygame.key.get_pressed()
    if keystate[K_LEFT]:
      self.rotation += 2
    if keystate[K_RIGHT]:
      self.rotation -= 2
    if keystate[K_UP]:                               ④
      self.speed += 0.1                              ⑤
    else:                                            ⑥
      self.speed *= 0.96                             ⑦
    radian = -math.radians(self.rotation)            ⑧
```

```
    self.pos[0] -= math.cos(radian)*self.speed          ⑨
    self.pos[1] -= math.sin(radian)*self.speed          ⑩
    center = self.rect.center
    clone = pygame.transform.rotate(self.image,self.
rotation)
    new_rect = clone.get_rect(center = center)
    screen.blit(clone,new_rect)

class Road():
(中略)
  def draw(self,screen,player):                         ⑪
    self.rect.left = int(player.pos[0])                 ⑫
    self.rect.top  = int(player.pos[1])                 ⑬
    screen.blit(self.image, self.rect )
(中略)
    road.draw(screen,player)                            ⑭
(後略)
```

ソース解説

❶ 数学モジュール「math」を import。

❷「pos」配列に“(X,Y)=(0,0)”を代入。

❸ スピードプロパティ「speed」に“0”を代入。

❹ カーソルキーの「上」が押された場合。

❺ ④が成り立った場合、スピードに“0.1”を加算。

❻ ④が成り立たなかった場合。

❼ ⑥の場合、スピードに“0.96”を乗算してスピードを落とす。

❽「self,rotation」プロパティをラジアンに変換。

❾「cos」に「radian」引数を渡してスピードを乗算し、位置配列の X 座標から減算。

❿「sin」に「radian」引数を渡してスピードを乗算し、位置配列の Y 座標から減算。

⓫「Road」クラスの「draw」メソッドに「player」引数を追加。

⓬ 背景画像の**左**位置を「player.pos」の **X 座標**にする。

⓭ 背景画像の**上**位置を「player.pos」の **Y 座標**にする。

⓮「Road」クラスの「draw」メソッドに「player」引数を追加。

5.6 コース外でスピードを下げる

この節では、自動車がコース外に出たらスピードが下がるようにします。

■「car06.py」の実行

5-1 の要領で「car06.py」を実行すると、車がコースから外れた場合にスピードが下がります。

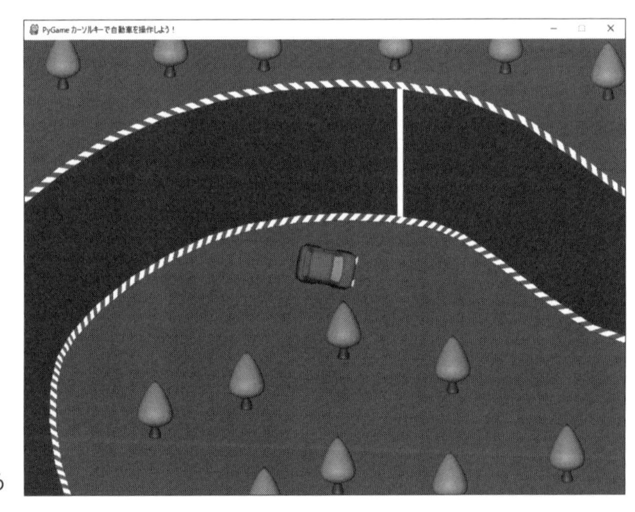

自動車の
スピードを下げる

■「car06.py」のソース

「メモ帳」など「テキストエディタ」で、以下のようにコーディングしてください。

[car06.py]

```
(前略)
CENTER_LEFT = int((960-100)/2)
CENTER_TOP = int((700-100)/2)
CENTER_X = CENTER_LEFT+50                                      ①
CENTER_Y = CENTER_TOP+50                                       ②
(中略)
class Road():
(中略)
  def draw(self,screen,player):
    self.rect.left = int(player.pos[0])
    self.rect.top = int(player.pos[1])
    screen.blit(self.image, self.rect)
    color = screen.get_at((CENTER_X,CENTER_Y))                 ③
    if color[0] > 120 or color[1] > 120 or color[2] > 120:     ④
      player.speed *= 0.95                                     ⑤
(後略)
```

ソース解説

❶ 自動車の中心位置の「X 座標」。

❷ 自動車の中心位置の「Y 座標」。

❸ 自動車の中心位置 (X,Y)=(①,②) の「背景の色」を取得。

❹「color[0] の赤」が 120 より大きい場合、または「color[1] の緑」が 120 より大きい場合、または「color[2] の青」が 120 より大きい場合。

つまり、「灰色の道路以外」の場合です。

❺ ④が成り立った場合、自動車のスピードに“0.95”を乗算して、スピードを下げる。

5.7 モジュール化

この節では、前節の「car06.py」を4つのファイルに分けてモジュールとして扱います。

モジュールとは、「別のpyファイル」を取り込んで、その機能を「メインのpyファイル」でも使えるようにすることです。

■「car07.py」の実行

5-1の要領で「car07.py」を実行すると、自動車ゲームがプレイできます。

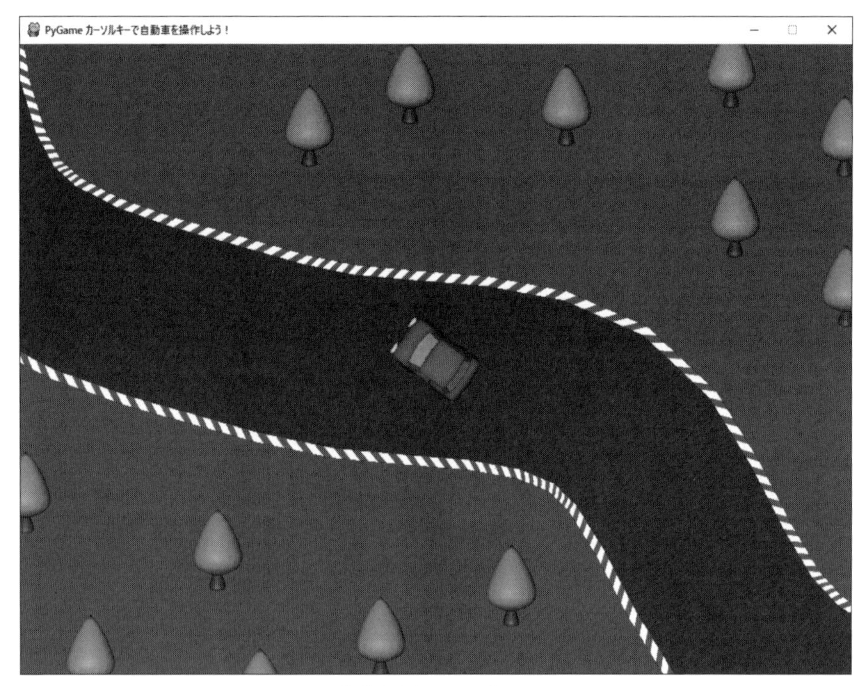

自動車ゲームのプレイ

■「car07.py」「player.py」と「road.py」「load_image.py」

「car06.py」でこの章のゲームは完成していますが、それらを4つの「pyファイル」に分けて、モジュール化してみます。

ソースはダウンロードしたサンプルファイルの「car」フォルダにある「car07.py」「player.py」「road.py」「load_image.py」を見てください。

「car07.py」ファイルで「player.py」と「road.py」を「import」しています。「player.py」と「road.py」ファイルで「load_image.py」を「import」しています。

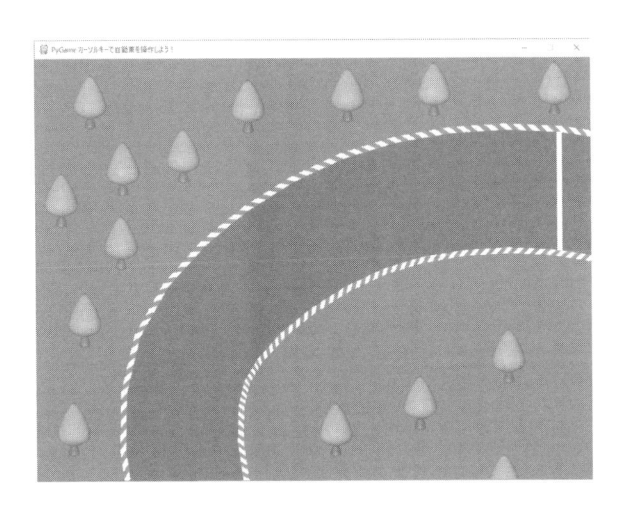

コラム 「Python3 向け IDE」について

本書では解説しませんが、新しいパソコンを持っているなら**「IDE」(統合開発環境)**があると便利です。

有名なものでは以下のものがあります。

・Visual Studio

「Visual Studio」は Microsoft 製の IDE です。

有料の「Professional 版」と「Enterprise 版」がありますが、年商 100 万ドル未満なら無料の「Community 版」が使えます。

・Visual Studio Code

「Visual Studio Code」は「Visual Studio」をシンプルにしたような IDE です。

無料なので、「Visual Studio」を使っていないなら、こちらの IDE がいいでしょう。

・PyCharm

「PyCharm」は JetBrains 社が販売している、有料の IDE です。

IDE 開発に定評がある会社です。

・PyScripter

「PyScripter」はフリーでオープンソースの IDE です。

・Atom

「Atom」はパッケージで機能拡張して使える、IDE というよりエディターになります。

第6章

「ジャンプゲーム」の開発

この章では、「マウス」をクリックし続けた後、「リリース」でジャンプして穴を飛び越えるミニゲームの開発をします。

昔、「チャリ走」というゲームが流行りましたが、操作方法をアレンジしたゲームを考えました。

6.1 最小限のコード

この節では、「3-1」「3-2」と同じく、テンプレート的なソースコードなので、「exola01.py」が実行できればいいです。

■「exola01.py」の実行

Windowsなら**3-1**の要領で、

```
cd c:¥Users¥(ユーザー名)¥Documents¥PyGame¥exola
```

で、カレントディレクトリを変更し、「exola01.py」を実行します。

macOSも同様に、**3-1**の要領で、

```
cd ~/Documents/PyGame/exola
```

で、カレントディレクトリを変更し、「python3 exola01.py」を実行します。

実行すると、画像のような画面が出て、タイトルバーにゲーム説明が出ます。

ゲーム説明のあるウィンドウ

■「exola01.py」のソース

「メモ帳」など「テキストエディタ」で、以下のようにコーディングして、エンコードを「UTF-8」で保存してください。

[exola01.py]

```
import sys
import pygame
from pygame.locals import *

def main():
  pygame.init()
  screen = pygame.display.set_mode((960,700))
  pygame.display.set_caption("PyGame マウスドラッグし続けてリリー
スで穴をジャンプ！ ")                                    ①
  while(True):
    screen.fill((128,192,255))                        ②
```

```
    pygame.time.wait(30)                              ③
    pygame.display.update()                           ④
    for event in pygame.event.get():
      if event.type == QUIT:
        pygame.quit()
        sys.exit()
      if event.type == KEYDOWN:
        if event.key == K_ESCAPE:
          pygame.quit()
          sys.exit()

if __name__ == "__main__":
  main()
```

ソース解説

「3-1」「3-2」と、ほとんど同じです。

❶ ウィンドウのタイトルバーに、ゲーム説明を設定。

❷ (R,G,B)=(128,192,255)、つまり「空色」でスクリーンを塗り潰す。

❸「while」ループのたびに30ミリ秒待ちます。
つまり「1秒間」(1000ミリ秒)に「33.333…」コマ処理することになります。

❹ 画面を更新します。

6.2 「地面」の表示

この節では、画面下端に幅高さ「81 x 120」の地面を 14 個並べて表示します。

■「exola02.py」の実行

6-1 の要領で「exola02.py」を実行すると、14 個の地面が並んで表示されます。

地面の表示

■「exola02.py」のソース

「メモ帳」など「テキストエディタ」で、以下のようにコーディングしてください。

[exola02.py]

```
import sys
import os.path                                    ①
import pygame
from pygame.locals import *
```

```
GROUND_Y = 700-120                                              ②
main_dir = os.path.split(os.path.abspath(__file__))[0]          ①

def load_image(file):                                           ①
  file = os.path.join(main_dir, 'data', file)                   ①
  try:                                                          ①
    screen = pygame.image.load(file)                            ①
  except pygame.error:                                          ①
    raise SystemExit('Could not load image "%s" %s'%(file,
 pygame.get_error()))                                           ①
  return screen.convert_alpha()                                 ①

class Ground():                                                 ③
  image = None                                                  ④
  rects = []                                                    ⑤
  def __init__(self):                                           ⑥
    self.image = load_image("Ground.png")                       ⑦
    for i in range(14):                                         ⑧
      self.rects.append(self.image.get_rect())                  ⑨
      self.rects[i].left = i*80                                 ⑩
      self.rects[i].top = GROUND_Y                              ⑪

  def move(self,screen):                                        ⑫
    for rect in self.rects:                                     ⑬
      screen.blit(self.image,rect)                              ⑭


def main():
(中略)
  ground = Ground()                                             ⑮
  while(True):
    screen.fill((128,192,255))
```

```
    ground.move(screen)                              ⑯
    pygame.time.wait(30)
    pygame.display.update()
（後略）
```

ソース解説

❶「4-2」に出てくるものとまったく同じです。

❷ 地面の上位置。

❸ 地面の「Ground」クラスの宣言。

❹「image」プロパティに「None(無)」を代入して宣言。

❺ 地面のサイズのリストの「rects」プロパティを初期化。

❻「Ground」クラスのインスタンスが生成されたときに呼ばれる初期化メソッド。

❼「Ground.png」画像を読み込んで、「self.image」プロパティに代入。

❽「for ループ」で「i」を“0”から“14”未満まで繰り返し。

❾「self.rects」リストの最後に self.image のサイズをリストの要素として追加。

❿「self.rects」リストの i インデックスの左位置に“i*80”を代入。

⓫「self.rects」リストの i インデックスの上位置に②を代入。

⓬「Ground」クラスの「move」メソッド。

⓭「for ループ」で「self.rects」リストの要素を「rect 変数」に代入して、すべて繰り返し。

⓮「self.image」をスクリーン上の「rect」の位置に表示。

⓯「Ground」クラスのインスタンスを生成し、「ground」変数に代入しています。

⓰「Ground」クラスの「move」メソッドを呼び出しています。

6.3 「人物」の表示

■「exola03.py」の実行

6-1 の要領で「exola03.py」を実行すると、止まっている女の子が表示されます。

女の子の表示

■「exola03.py」のソース

「メモ帳」など「テキストエディタ」で、以下のようにコーディングしてください。

[exola03.py]

```
(前略)
GROUND_Y = 700-120
WALK_X = 100                                                    ①
WALK_Y = GROUND_Y-200                                           ②
(中略)
class Player():                                                 ③
  images = []                                                   ④
  rect = Rect(0,0,110,200)                                      ⑤
  def __init__(self):                                           ⑥
    self.images.append(load_image("Girl0.png"))                 ⑦
    self.images.append(load_image("Girl1.png"))                 ⑧
    self.images.append(load_image("Girl2.png"))                 ⑨
    self.images.append(load_image("Girl3.png"))                 ⑩
    self.images.append(load_image("Girl4.png"))                 ⑪
    self.rect = self.images[0].get_rect()                       ⑫
    self.rect.left = WALK_X                                     ⑬
    self.rect.top = WALK_Y                                      ⑭

  def move(self,screen):                                        ⑮
    screen.blit(self.images[0], self.rect)                      ⑯
(中略)
def main():
(中略)
  player = Player()                                             ⑰
  ground = Ground()
  while(True):
    screen.fill((128,192,255))
    ground.move(screen)
    player.move(screen)                                         ⑱
    pygame.time.wait(30)
```

```
    pygame.display.update()
(後略)
```

ソース解説

❶ プレイヤーの女の子の左位置。

❷ 歩いているときのプレイヤーの上位置。

❸ プレイヤーの「Player」クラスの宣言。

❹「リスト images」プロパティを初期化して宣言。

❺ プレイヤーのサイズ(左,上,幅,高さ)の「rect」プロパティ。

❻「Player」クラスのインスタンスが生成されたときに呼ばれる初期化メソッド。

❼「Girl0.png」画像を読み込んで、「self.images」リストの最後に追加。
self.images[0] の要素になります。

❽「Girl1.png」画像を読み込んで、「self.images」リストの最後に追加。
self.images[1] の要素になります。

❾「Girl2.png」画像を読み込んで、「self.images」リストの最後に追加。
self.images[2] の要素になります。

❿「Girl3.png」画像を読み込んで、「self.images」リストの最後に追加。
self.images[3] の要素になります。

⓫「Girl4.png」画像を読み込んで、「self.images」リストの最後に追加。
self.images[4] の要素になります。

⓬ self.images[0] のサイズを「self.rect」に代入。

⑬「self.rect」の左位置に①を代入。

⑭「self.rect」の上位置に②を代入。

⑮「Player」クラスの「move」メソッドの宣言。

⑯プレイヤーの女の子を表示。

⑰「Player」クラスのインスタンスを生成し、「player変数」に代入。

⑱「Player」クラスの「move」メソッドを呼び出し、プレイヤーを表示。

6.4 キャラクターのアニメーション

この節では、女の子のキャラクターに歩くアニメーションをさせます。

■「exola04.py」の実行

6-1の要領で「exola04.py」を実行すると、キャラクターがアニメーションします。

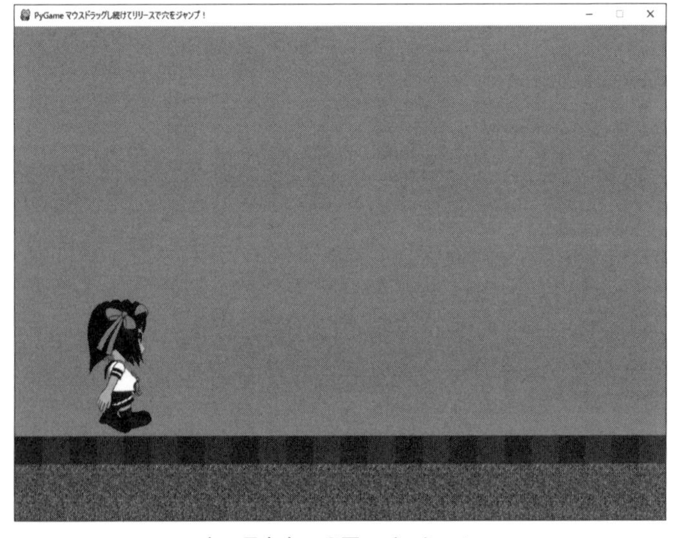

キャラクターのアニメーション

■キャラクターアニメーション

キャラクターをアニメーションさせるには、一定の時間ごとに、表示する画像を切り替えるだけです。

ここでは、「30 × 5 = 150 ミリ秒」ごとにします。

この節では、「self.images」リストに“0 ～ 4”の歩く画像が格納されているので、

0 → 1 → 2 → 3 → 4 → 3 → 2 → 1 → 0 → 1 → 2 → 3 → 4 → 3…

という順番で、画像を切り替えます。

■「exola04.py」のソース

「メモ帳」など「テキストエディタ」で、以下のようにコーディングしてください。

[exola04.py]

```
(前略)
class Player():
  images = []
  rect = Rect(0,0,110,200)
  animation = 0                                                    ①
  animation_delta = 1                                              ②
(中略)
  def move(self,screen):
    if self.animation < 0 or self.animation >= 24:                 ③
      self.animation_delta *= -1                                   ④
    self.animation += self.animation_delta                         ⑤
    screen.blit(self.images[int(self.animation/5)],self.
rect)                                                              ⑥
(後略)
```

ソース解説

❶アニメーション番号の「animation」プロパティに“0”を代入。

❷アニメーション番号の増分の「animation_delta」プロパティに“1”を代入。

❸「self.animation」プロパティが「0より小さい」か、または「24以上」の場合。

❹③が成り立った場合、アニメーション番号の増分に“-1”を乗算して、プラスかマイナスに交互に切り替え。

❺アニメーション番号に増分を加算。

❻「self.images」リストのインデックス番号を「0～4」になるように“5”で除算して、整数(int)にする。

6.5 マウスを押し続けてスピードアップ

この節では、マウスをクリックし続けることで、プレイヤーのスピードを加速させます。

実際は、地面の方だけがスクロールすることでプレイヤーが走っているように見せています。

■「exola05.py」の実行

6-1の要領で「exola05.py」を実行すると、マウスをクリックし続ければプレイヤーのスピードが加速します。

スピードの加速

■「exola05.py」のソース

「メモ帳」など「テキストエディタ」で、以下のようにコーディングしてください。

[exola05.py]

```
(前略)
class Ground():
  image = None
  rects = []
  speed = 1.0                              ①
  mouse_down = False                       ②
  def __init__(self):
(中略)
```

```
  def move(self,screen):
    if self.mouse_down:                              ③
      if self.speed <= 29:                           ④
        self.speed += 0.1                            ⑤
    elif self.speed >= 1.4:                          ⑥
      self.speed -= 0.2                              ⑦
    for rect in self.rects:
      rect.left -= int(self.speed)                   ⑧
      if rect.left <= -80:                           ⑨
        rect.left += 80*14                           ⑩
      screen.blit(self.image,rect)

def main():
（中略）
  while(True):
（中略）
    for event in pygame.event.get():
      if event.type == MOUSEBUTTONDOWN:              ⑪
        ground.mouse_down = True                     ⑫
      if event.type == MOUSEBUTTONUP:                ⑬
        ground.mouse_down = False                    ⑭
（後略）
```

ソース解説

❶ 走るスピードを示す「speed」プロパティに“1.0”を代入。

❷ マウスがクリックされているかの「mouse_down」プロパティに“False”を代入。

❸ もし、マウスがクリックされていた場合。

❹ ③が成り立ったとき、スピードプロパティが"29 以下"の場合。

❺ ④が成り立ったとき、スピードプロパティに"0.1"を加算。

❻ ③が成り立たなかったとき、スピードプロパティが"1.4 以上"の場合。

❼ ⑥が成り立ったとき、スピードプロパティから"0.2"を減算。

❽ すべての地面の左位置にスピードプロパティを整数(int)にして減算し、地面がスクロールしているように見せる。

❾ もし、地面の左位置が"-80 以下"、つまり「左の画面外に出た」場合。

❿ ⑨が成り立った場合、地面の左位置に「80*14」を加算して画面右端に移動。

⓫ もし、マウスがクリックされた場合。

⓬ ⑪が成り立った場合、「Ground」クラスの「mouse_down」プロパティに"True"を代入。

⓭ もしマウスがリリースされた場合。

⓮ ⑬が成り立った場合、「Ground」クラスの「mouse_down」プロパティに"False"を代入。

6.6 キャラクターのジャンプ

この節では、マウスをクリックし続けて、リリースすることでプレイヤーが「ジャンプ」するようにします。
スピードが速いほど、大きくジャンプします。

■「exola06.py」の実行

6-1 の要領で「exola06.py」を実行すると、マウスを押し続けてリリースした時プレイヤーがジャンプします。

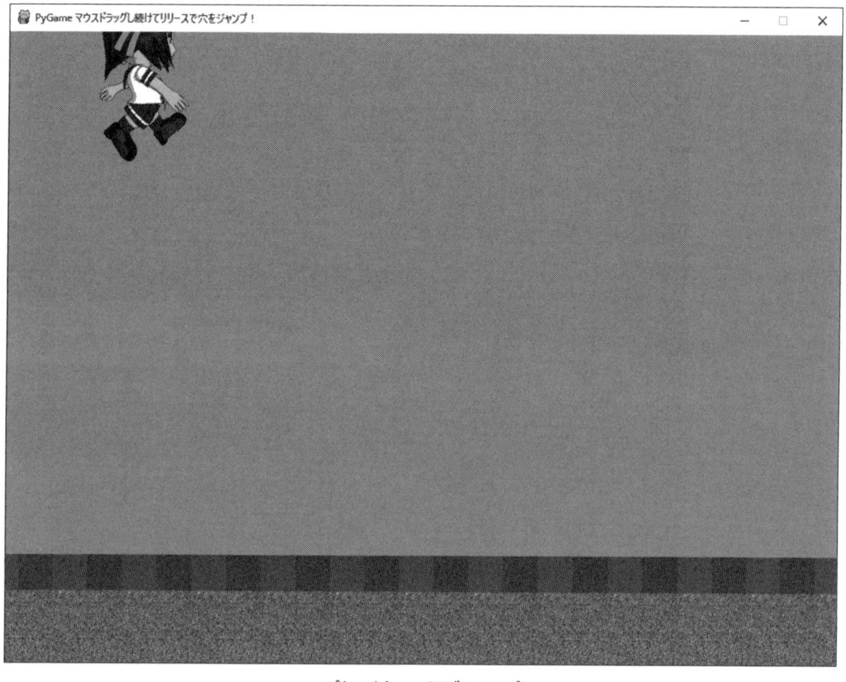

プレイヤーのジャンプ

■「exola06.py」のソース

「メモ帳」など「テキストエディタ」で、以下のようにコーディングしてください。

[exola06.py]

```
(前略)
class Player():
(中略)
  jump_delta = 0.0                                              ①
  def __init__(self):
(中略)
  def move(self,screen):
    if self.animation < 0 or self.animation >= 24:
      self.animation_delta *= -1
    self.animation += self.animation_delta
    self.rect.top -= int(self.jump_delta)                       ②
    if self.rect.top < WALK_Y:                                  ③
      self.jump_delta -= 1                                      ④
    else:                                                       ⑤
      self.rect.top = WALK_Y                                    ⑥
      self.jump_delta = 0                                       ⑦
    screen.blit(self.images[int(self.animation/5)],self.rect)
(中略)
def main():
(中略)
  while(True):
(中略)
    for event in pygame.event.get():
      if event.type == MOUSEBUTTONDOWN:
        ground.mouse_down = True
      if event.type == MOUSEBUTTONUP:
        ground.mouse_down = False
        if player.rect.top == WALK_Y:                           ⑧
          player.jump_delta = ground.speed                      ⑨
(後略)
```

ソース解説

❶ ジャンプの増分の「jump_delta」プロパティに“0.0”を代入。

❷ プレイヤーの上位置から「ジャンプの増分」だけ減算。

❸ プレイヤーの上位置が「WALK_Y」の値より小さくなった場合、つまりジャンプ中。

❹ ③が成り立った場合、ジャンプの増分から“1”を減算。

❺ ③が成り立たなかった場合。
　つまり、プレイヤーの上位置が「WALK_Y 以上」になった（プレイヤーが地面を歩く高さになった）場合。

❻ ⑤の場合、プレイヤーの上位置に“「WALK_Y」の値”を代入。

❼ ⑤の場合、ジャンプの増分に“0”を代入。

❽ マウスがリリースされたとき、プレイヤーの上位置が「WALK_Y」の値と等しい場合。
　つまり、地面を歩いている場合です。

❾ ⑧が成り立った場合、プレイヤーのジャンプの増分に“スピードの値”を代入。

6.7 ランダムに「穴」をあける

この節では、地面にランダムで穴が空くようにします。
また、乱数についても解説します。

■「exola07.py」の実行

6-1 の要領で「exola07.py」を実行すると、地面にランダムに穴が空きます。

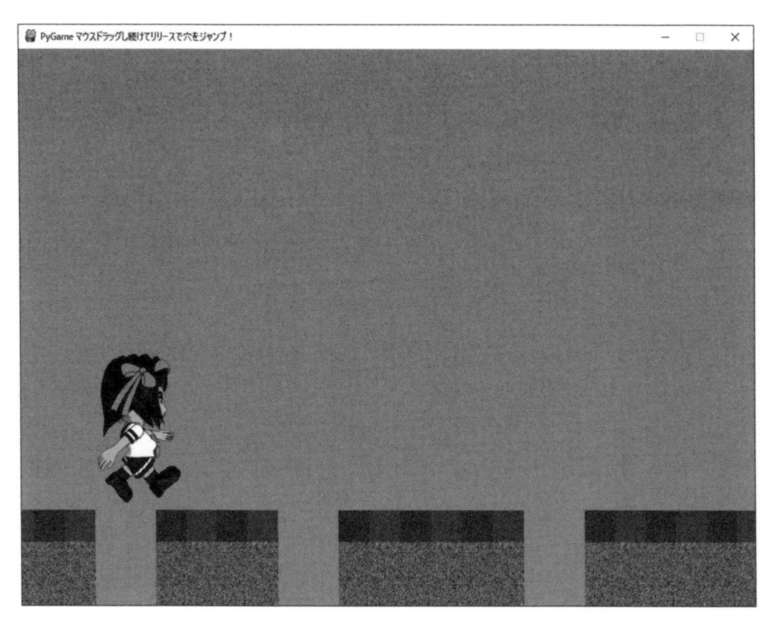

穴のある地面

■ランダムな値

ランダムな値、つまり**「乱数」**を取得するには、「random」モジュールを import します。

random( )	：0.0 以上、1.0 未満の浮動小数点数を取得
uniform(a,b)	：a 以上、b 以下の範囲の浮動小数点数を取得
randrange(a,b,c)	：a 以上、b 未満の範囲で、c ずつステップした整数を取得
randint(a,b)	：a 以上、b 以下の範囲の整数を取得

■「exola07.py」のソース

「メモ帳」など「テキストエディタ」で、以下のようにコーディングしてください。

[exola07.py]

```
import random                                          ①
import sys
import os.path
import pygame
from pygame.locals import *


GROUND_Y = 700-120
WALK_X = 100
WALK_Y = GROUND_Y-200
GROUND_ERASE_Y = 1000                                  ②
(中略)
class Ground():
(中略)
  def move(self,screen):
    if self.mouse_down:
      if self.speed <= 29:
        self.speed += 0.1
    elif self.speed >= 1.4:
      self.speed -= 0.2
    for rect in self.rects:
      rect.left -= int(self.speed)
      if rect.left <= -80:
        rect.left += 80*14
        if random.randint(0,10) == 0:                  ③
          rect.top = GROUND_ERASE_Y                    ④
```

```
        else:                                        ⑤
          rect.top = GROUND_Y                        ⑥
      if rect.top == GROUND_Y:                       ⑦
        screen.blit(self.image,rect)                 ⑧
（後略）
```

ソース解説

❶ ランダムな乱数を取得できる関数をもつ「random」モジュールのimport。

❷ 地面を消す地面の上位置。

❸「randint」で「0以上10以下」の整数をランダムに取得し、それが「0」だった場合。

❹ ③が成り立った場合、地面の上位置に②を代入。

❺ ③が成り立たなかった場合。

❻ ⑤の場合、地面を地面が見える上位置の「GROUND_Y」を代入。

❼ 地面が穴になっていない場合。

❽ ⑦が成り立った場合、その地面を描画。

6.8 「穴」に落ちる処理

この節では、プレイヤーが穴から落ちているか調べて、穴に落ちる処理をします。

■「exola08.py」の実行

6-1 の要領で「exola08.py」を実行すると、プレイヤーが穴に入ったら穴に落ちます。

プレイヤーが穴に落ちる

■「exola08.py」のソース

「メモ帳」など「テキストエディタ」で、以下のようにコーディングしてください。

[exola08.py]

```
(前略)
class Player():
(中略)
```

```
  fall = False                                                  ①
(中略)
  def move(self,screen):
    if self.animation < 0 or self.animation >= 24:
      self.animation_delta *= -1
    self.animation += self.animation_delta
    if self.fall == False:                                      ②
      self.rect.top -= int(self.jump_delta) #インデントを合わせる
      if self.rect.top < WALK_Y:          #インデントを合わせる
        self.jump_delta -= 1              #インデントを合わせる
      else:                               #インデントを合わせる
        self.rect.top = WALK_Y            #インデントを合わせる
        self.jump_delta = 0               #インデントを合わせる
    else:                                                       ③
      self.rect.top += 8                                        ④
    screen.blit(self.images[int(self.animation/5)],self.rect)

class Ground():
(中略)
  def move(self,screen,fall):                                   ⑤
    if self.mouse_down:
      if self.speed <= 29:
        self.speed += 0.1
    elif self.speed >= 1.4:
      self.speed -= 0.2
    for rect in self.rects:
      if fall == False:                                         ⑥
        rect.left -= int(self.speed)      #インデントを合わせる
(中略)
  def fall(self,y):                                             ⑦
    for rect in self.rects:                                     ⑧
      if rect.top == GROUND_ERASE_Y and y >= WALK_Y and
```

```
rect.left >= WALK_X-20 and rect.left <= WALK_X+60:     ⑨
            return True                                ⑩
      return False                                     ⑪

def main():
( 中略 )
   while(True):
      screen.fill((128,192,255))
      ground.move(screen,player.fall)                  ⑫
      if ground.fall(player.rect.top) and player.fall == False: ⑬
         player.fall = True                            ⑭
      player.move(screen)
      pygame.time.wait(30)
      pygame.display.update()
( 後略 )
```

ソース解説

❶ プレイヤーが穴に落ちたかの「fall」プロパティに“False”を代入。

❷ もしプレイヤーが穴から落ちていなかった場合。

❸ ②が成り立たなかった場合。

❹ ③の場合、キャラクターの上位置に“8”を加算して、穴に落とす。

❺「Ground」クラスの「move」メソッドに「fall 引数」を追加。

❻ もしプレイヤーが穴に落ちていなかった場合。

❼ 穴に落ちているかを調べる「Ground」クラスの「fall」メソッド。

❽「for ループ」で、「self.rects」リストの要素を繰り返し「rect 変数」に代入。

❾ もし地面が穴で、かつ「プレイヤーのy位置」が“WALK_Y以上”で、穴の地面の左位置がキャラクターの横位置の範囲の場合。

❿ ⑨が成り立った場合、戻り値“True”を返す。

⓫ 穴に落ちていなかったら、戻り値“False”を返す。

⓬「Ground」クラスの「move」メソッドに「player.fall引数」を追加。

⓭ 地面の穴に落ちているか⑦の「fall」メソッドで取得し、穴に落ちている場合。

⓮ ⑬が成り立った場合、「Player」クラスの「fall」プロパティに“True”を代入。

6.9 「穴」に落ちたらゲームを再スタート

この節では、プレイヤーが地面から穴に落ちたら、ゲームを再スタートするようにします。

■「exola09.pyの実行」

6-1の要領で「exola09.py」を実行すると、プレイヤーが地面の穴から落ちたらゲームが再スタートするようになります。

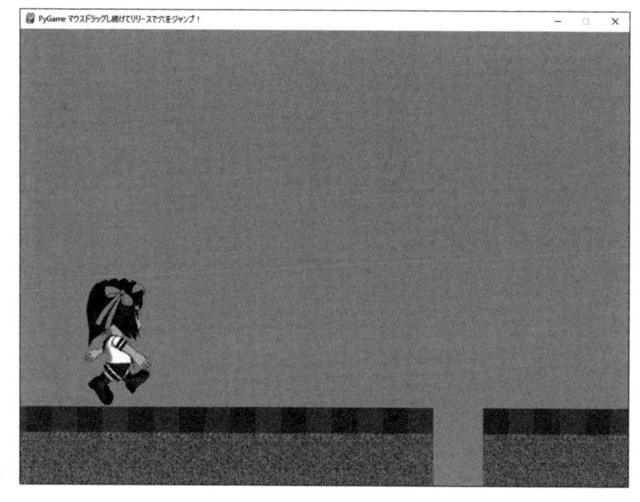

ゲームを再スタート

■「exola09.py」のソース

「メモ帳」など「テキストエディタ」で、以下のようにコーディングしてください。

[exola09.py]

```
(前略)
def main():
(中略)
  while(True):
(中略)
    if player.rect.top>= 800:                ①
      player.rect.top = WALK_Y               ②
      player.fall = False                    ③
      player.jump_delta = 0                  ④
      for rect in ground.rects:              ⑤
        rect.top = GROUND_Y                  ⑥
      ground.speed = 1                       ⑦
(後略)
```

ソース解説

❶ もし、プレイヤーが穴から落ちて画面から消えた場合。

❷ ①が成り立った場合、プレイヤーの上位置に"WALK_Y"を代入。

❸ ①が成り立った場合、プレイヤーが穴に落ちていないことを表わす"Flase"を代入。

❹ ①が成り立った場合、プレイヤーのジャンプの増分に"0"を代入。

❺ ①が成り立った場合、「for ループ」で"地面の位置リスト"を、繰り返し「rect 変数」に代入。

❻ ⑤の「for ループ」中、地面の上位置に"GROUND_Y"を代入。

❼ ①が成り立った場合、地面のスクロールスピードを“1”にする。

これらはゲームオーバーになった場合、ゲームを再スタートしています。

6.10 「文字列」の表示

この節では、「スコアの文字列」を表示します。
この時点では、まだ得点の値は反映していません。

■「exola10.py」の実行

6-1 の要領で「exola10.py」を実行すると、“Score 10000”の文字が表示されます。

文字列の表示

■「exola10.py」のソース

「メモ帳」など「テキストエディタ」で、以下のようにコーディングしてください。

[exola10.py]

```
(前略)
class ScoreFont():                                              ①
  font = None                                                   ②
  def __init__(self):                                           ③
    self.font = pygame.font.SysFont("Arial",50)                 ④

  def draw(self,screen):                                        ⑤
    text = self.font.render("Score "+str(10000),True,
(0,0,255))                                                      ⑥
    screen.blit(text,(10,10))                                   ⑦

def main():
(中略)
  score_font = ScoreFont()                                      ⑧
  while(True):
    screen.fill((128,192,255))
    score_font.draw(screen)                                     ⑨
(後略)
```

ソース解説

❶ スコアの文字を表示する「ScoreFont」クラスの宣言。

❷「font」プロパティに「None(無)」を代入。

❸「ScoreFont」クラスのインスタンスが生成されるときに呼ばれる初期化メソッド。

❹「Arial」フォントを設定して、「self.font」プロパティに代入。

❺「ScoreFont」クラスの「draw」メソッドの宣言。

❻ "Score 10000" を青色で描画して、「text」に代入。

❼ スクリーンに「text」を表示。

❽「ScoreFont」クラスのインスタンスを生成して、「score_font」変数に代入。

❾「ScoreFont」クラスの「draw」メソッドを呼び出し。

6.11 「スコア」と「ハイスコア」の表示

この節では、時間の分だけスコアを加算して、「スコア」と「ハイスコア」を表示します。

■「exola11.py」の実行

6-1 の要領で「exola11.py」を実行すると、スコアがどんどん加算されて、スコアとハイスコアを表示します。

コアとハイスコアの表示

■「exola11.py」のソース

「メモ帳」など「テキストエディタ」で、以下のようにコーディングしてください。

[exola11.py]

```
(前略)
class ScoreFont():
  score = 0                                                  ①
  hi_score = 500                                             ②
  font = None
  def __init__(self):
    self.font = pygame.font.SysFont("Arial",50)

  def draw(self,screen):
    self.score += 1                                          ③
    text = self.font.render("Score "+str(self.score),True,
(0,0,255))                                                   ④
    screen.blit(text,(10,10))
    if self.score >= self.hi_score:                          ⑤
      self.hi_score = self.score                             ⑥
    text = self.font.render("HiScore "+str(self.hi_score),
True,(0,0 ,255))                                             ⑦
    screen.blit(text,(480,10))                               ⑧
(中略)
    if player.rect.top >= 800:
      score_font.score = 0                                   ⑨
(後略)
```

ソース解説

❶ スコアの「score」プロパティに“0”を代入。

❷ ハイスコアの「hi_score」プロパティに“500”を代入。

❸ 毎フレーム、スコアに“1”を加算。

❹ “Score(得点)”の文字を描画し、「text」変数に代入し。

❺ スコアが「ハイスコア以上」になった場合。

❻ ⑤が成り立った場合、「ハイスコア」に“スコア”を代入。

❼ “HiScore (ハイスコア)”の文字を描画し、「text 変数」に代入。

❽ スクリーンに「text」を表示。

❾ スコアを 0 点に戻す。

6.12 「サウンド」の再生

この節では、ゲーム開始時から BGM をループ再生します。
また、ゲームオーバー時にもサウンドを再生します。

■「exola12.py」の実行

6-1 の要領で「exola12.py」を実行すると、BGM とゲームオーバーサウンドを再生します。

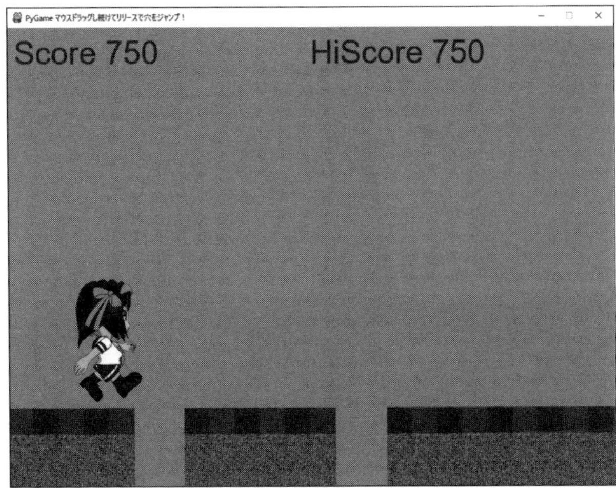

サウンドの再生

■「exola12.py」のソース

「メモ帳」など「テキストエディタ」で、以下のようにコーディングしてください。

[exola12.py]

```
(前略)
class dummysound:                                                    ①
  def play(self):
  pass                                                               ①

def load_sound(file):                                                ①
  if not pygame.mixer: return dummysound()                           ①
  file = os.path.join(main_dir, 'data', file)                        ①
  try:                                                               ①
    sound = pygame.mixer.Sound(file)                                 ①
    return sound                                                     ①
  except pygame.error:                                               ①
    print ('Warning, unable to load,  %s' % file)                    ①
  return dummysound()                                                ①
(中略)
def main():
(中略)
  bgm_sound = load_sound('BGM.wav')                                  ②
  over_sound = load_sound('GameOver.wav')                            ③
  bgm_sound.play(-1)                                                 ④
  while(True):
    screen.fill((128,192,255))
    score_font.draw(screen)
    ground.move(screen, player.fall)
    if ground.fall(player.rect.top) and player.fall == False:
      player.fall = True
      over_sound.play()                                              ⑤
    player.move(screen)
    pygame.time.wait(30)
    pygame.display.update()
(後略)
```

ソース解説

❶ 4-6 に出てくるものとまったく同じです。

❷「BGM.wav」サウンドを読み込み。

❸「GameOver.wav」サウンドを読み込み。

❹ BGM サウンドを「−1 回」、つまり、永久にループ再生。

❺ プレイヤーが穴に落ちたらゲームオーバーのサウンドを再生。

コラム ## 文字コード

本書では、「文字コード」を必ず**「Unicode」**である「UTF-8」で保存するように書きました。
「文字コード」とは、文字の表示のために、どこにその文字が割り当てられているかのバイト表現です。

以前までは、国ごとに「言語」が違うので、それぞれの国で「文字コード」が異なっていました。
そのため、世界に向けてアプリをローカライズ（地方に合わせて作り替え）するのに、「文字コード」が障壁になっていました。

そこで、世界の多くの言語で共通して使える「文字コード」として「Unicode」の考え方が出来ました。

「Unicode」には「UTF-8」や「UTF-16」や「UTF-32」があります。
「UTF-8」は「8bit・16bit・24bit・32bit」で可変です。
「UTF-16」は「16bit・32bit」で可変です。
「UTF-32」は「32bit」固定です。

最初にも指定したように、現在は「UTF-8」を使うのが主流です。

第7章 「RPG風ゲーム」の開発

この章では、カーソルキーで主人公を操作して、地下５階の騎士を助けに行くミニゲームの開発をします。

2Dゲームでは基本である「マップチップ」の表示を解説しています。

また、モジュール化しながら解説していきます。

7.1 最小限のコード

この節では、「3-1」「3-2」と同じくテンプレート的なソースコードなので、「rpg01.py」が実行できればいいです。

■「rpg01.py」の実行

Windowsなら3-1の要領で、

```
cd c:¥Users¥(ユーザー名)¥Documents¥PyGame¥rpg
```

で、カレントディレクトリを変更し、「rpg01.py」を実行します。

macOSなら、

```
cd ~/Documents/PyGame/rpg
```

で、カレントディレクトリを変更し、「python3 rpg01.py」を実行します。

画像のように、真っ黒な画面が出て、タイトルバーにゲーム説明が出ます。

ゲーム説明のあるウィンドウ

■「rpg01.py」のソース

「メモ帳」など「テキストエディタ」で、以下のようにコーディングして、エンコードを「UTF-8」で保存してください。

[rpg01.py]

```
import sys
import pygame
from pygame.locals import *

def main():
  pygame.init()
  screen = pygame.display.set_mode((960,720))
  pygame.display.set_caption("PyGame 地下にいる騎士を助けに行こう！")                    ①
  while(True):
```

```
    pygame.time.wait(30)                    ②
    pygame.display.update()                 ③
    for event in pygame.event.get():
      if event.type == QUIT:
        pygame.quit()
        sys.exit()
      if event.type == KEYDOWN:
        if event.key == K_ESCAPE:
          pygame.quit()
          sys.exit()

if __name__ == "__main__":
  main()
```

ソース解説

「3-1」「3-2」とほとんど同じです。

❶ ウィンドウのタイトルバーにゲーム説明を設定。

❷「while ループ」のたびに 30 ミリ秒待つ。
つまり「1 秒間」(1000 ミリ秒) に「33.333…」コマを処理することになります。

❸ 画面を新たなものに更新。

7.2 「マップ」の表示

この節では、マップデータを元に RPG 風のマップを表示します。

「map.py モジュール」と、「load_image.py モジュール」「map_data.py モジュール」をコーディングします。

■「rpg02.py」の実行

7-1 の要領で「rpg02.py」を実行すると、マップが表示されます。

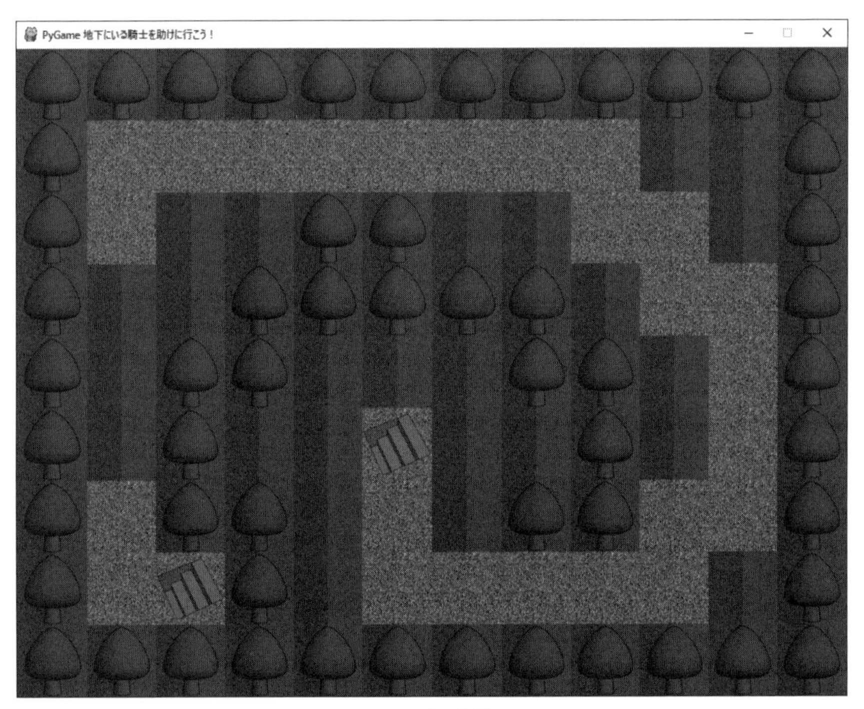

マップの表示

■「rpg02.py」のソース

「メモ帳」など「テキストエディタ」で、以下のようにコーディングしてください。

[rpg02.py]

```
import sys
import pygame
from pygame.locals import *
from map import Map                              ①

def main():
  pygame.init()
  screen = pygame.display.set_mode((960,720))
  pygame.display.set_caption("PyGame 地下にいる騎士を助けに行こう！")
  map = Map()                                    ②
  while(True):
    map.draw(screen)                             ③
    pygame.time.wait(30)
    pygame.display.update()
(後略)
```

ソース解説

❶「map.py ファイル」から「Map」を import。

❷「Map クラス」のインスタンスを生成し、「map 変数」に代入。

❸「Map クラス」の「draw メソッド」を呼び出す。

■「map_data.py」のソース

「メモ帳」など「テキストエディタ」で、以下のようにコーディングしてください。

[map_data.py]

```
map_data = ( (
2,2,2,2,2,2,2,2,2,2,2,2,
2,0,0,0,0,0,0,0,0,1,1,2,
2,0,1,1,2,2,1,1,0,0,1,2,
2,1,1,2,2,2,2,2,1,0,0,2,
2,1,2,2,1,1,1,2,2,1,0,2,
2,1,2,1,1,3,1,1,2,1,0,2,
2,0,2,2,1,0,1,2,2,0,0,2,
2,0,3,2,1,0,0,0,0,0,1,2,
2,2,2,2,2,2,2,2,2,2,2,2
),
)
```

ソース解説

地下1階の「map_data」のタプル。

タプルの中にタプルを入れることで、2次元のタプルを作ることができます。

「map_data[0][3]」のように、“[]”を2つ使うことで、値を参照できる。

マップのチップの配置を番号で作る。

「0」は「土壌」、「1」は「草」、「2」は「木」、「3」は「下り階段」、「4」は「上り階段」、「5」は「騎士」です。

■「load_image.py」のソース

4-2に出てくるものとほとんど同じです。

「メモ帳」など「テキストエディタ」で、以下のようにコーディングしてください。

[load_image.py]

```
import os.path
import pygame

main_dir = os.path.split(os.path.abspath(__file__))[0]

def load_image(file):
  file = os.path.join(main_dir, 'data', file)
  try:
    surface = pygame.image.load(file)
  except pygame.error:
    raise SystemExit('Could not load image "%s" %s'%(file,
 pygame.get_error()))
  return surface.convert()
```

■「map.py」のソース

「メモ帳」など「テキストエディタ」で、以下のようにコーディングしてください。

[map.py]

```
import pygame
from pygame.locals import *
from load_image import *                                    ①
from map_data import *                                      ②

class Map():
  images = []
  rect = Rect(0,0,80,80)
  flg = False
  stage = 0
  def __init__(self):                                       ③
```

```
    self.images.append(load_image("0.png"))
    self.images.append(load_image("1.png"))
    self.images.append(load_image("2.png"))
    self.images.append(load_image("3.png"))
    self.images.append(load_image("4.png"))
    self.images.append(load_image("5.png"))
    self.rect = self.images[0].get_rect()

  def draw(self,screen):                          ④
    for y in range(9):
      self.rect.top = y*80
      for x in range(12):
        self.rect.left = x*80
        screen.blit(self.images[map_data[self.stage]
[y*12+x]],self.rect)

  def collide(self,rect,x,y):                     ⑤
    if map_data[self.stage][int((rect.top+y)/80)*12+int
((rect.left+x)/80)] != 2:
      return True
    return False

  def event(self,rect):                           ⑥
    data = map_data[self.stage][int((rect.top+40)/80)*12+int
((rect.left+40)/80)]
    if self.flg == False:
      if data == 3:
        self.stage += 1
        self.flg = True
      elif data == 4:
        self.stage -= 1
```

```
            self.flg = True
          elif data == 5:
            self.flg = True
            return True
        elif data <= 2:
          self.flg = False
        return False
```

ソース解説

❶ 画像を読み込む「load_image.py」モジュールを import。

❷ マップデータのある「map_data.py」モジュールを import。

❸「Map」クラスのインスタンスが生成されるときに呼ばれる、初期化メソッド。

「0.png(土壌)」「1.png(草)」「2.png(木)」「3.png(下り階段)」「4.png(上り階段)」「5.png(騎士)」の6つの背景チップ画像を読み込みます。

❹ マップデータを元に、「幅×高さ」が「80×80」の画像を、縦に9個、横に12個配置する「draw」メソッド。

「map_data」の1つ目の“[]”にはステージが、2つ目の“[]”にはマップデータの場所が入り、マップチップの番号が参照できます。

❺ キャラクターと木との当たり判定を取得できる「collide」メソッド。

キャラクターの位置「rect」と進行方向の「(x,y)」を“80”で除算した地点が「map_data」で、2番の木のマップチップなら“False”を返します。

❻ キャラクターの位置のマップデータのイベントを探す「event」メソッド。

キャラクターの中心位置を“80”で除算した地点が、マップチップの何番か参照します。

3番なら、「下り階段」でステージを“1”加算し、4番なら「上り階段」でステージを“1”減算、5番なら「騎士との接触」です。

7.3 「キャラクター」の操作

この節では、キャラクターを表示し、キャラクターを操作して移動します。「player.py モジュール」と、「map_data.py モジュール」をコーディングします。

■「rpg03.py」の実行

7-1 の要領で「rpg03.py」を実行すると、キャラクターが登場して、操作できます。

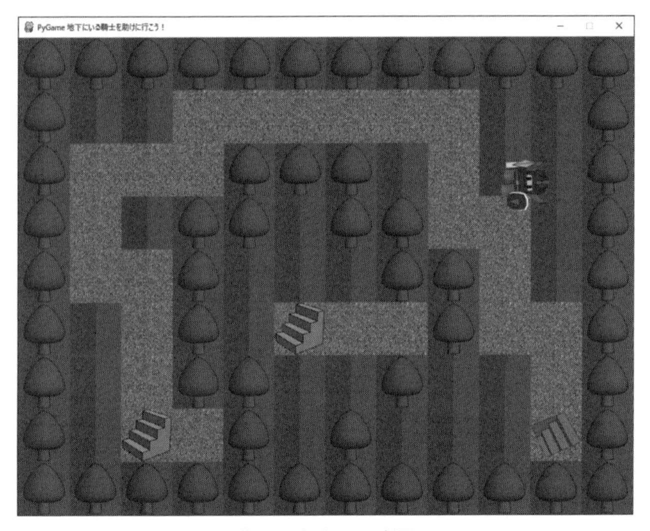

キャラクターの表示

■「rpg03.py」のソース

「メモ帳」など「テキストエディタ」で、以下のようにコーディングしてください。

[rpg03.py]

```
import sys
import pygame
from pygame.locals import *
```

```
from map import Map
from player import Player                    ①

def main():
  pygame.init()
  screen = pygame.display.set_mode((960,720))
  pygame.display.set_caption("PyGame 地下にいる騎士を助けに行こう！")
  map = Map()
  player = Player()                          ②
  while(True):
    map.draw(screen)
    player.move(screen,map)                  ③
    map.event(player.rect)                   ④
    pygame.time.wait(30)
    pygame.display.update()
（後略）
```

ソース解説

❶「player.py」モジュールを「Player」として import します。

❷「Player」クラスのインスタンスを生成し、「player 変数」に代入します。

❸「Player」クラスの「move」メソッドを呼び出し、プレイヤーの表示や操作をします。

❹プレイヤーの位置のマップのイベントを起こします。

■「player.py」のソース

「メモ帳」など「テキストエディタ」で、以下のようにコーディングしてください。

[player.py]

```
import pygame
from load_image import *                                    ①
from map import *                                           ②

class Player():
  images = []
  rect = Rect(0,0,80,80)
  rotation = 270
  animation = 0
  def __init__(self):                                       ③
    self.images.append(load_image("Hero.png"))
    self.images.append(load_image("Hero2.png"))
    self.rect = self.images[0].get_rect()
    self.rect.left = 80
    self.rect.top = 80

  def move(self,screen,map):                                ④
    self.animation += 1
    keystate = pygame.key.get_pressed()
    if keystate[K_LEFT]:
      if map.collide(self.rect,8,16) and map.collide(self.
rect,8,60):
        self.rect.left -= 4
      self.rotation = 180
    if keystate[K_RIGHT]:
      if map.collide(self.rect,64,16) and map.collide(self.
rect,64,60):
        self.rect.left += 4
      self.rotation = 0
    if keystate[K_UP]:
      if map.collide(self.rect,16,8) and map.collide(self.
rect,60,8):
```

```
            self.rect.top -= 4
        self.rotation = 90
    if keystate[K_DOWN]:
        if map.collide(self.rect,16,64) and map.collide(self.
rect,60,64):
            self.rect.top += 4
        self.rotation = 270
    hero = pygame.transform.rotate(self.images[int((self.
animation%30)/15)],self.rotation)
    screen.blit(hero,self.rect)
```

ソース解説

❶ 画像を読み込む「load_image.py」モジュールを import。

❷ マップの「map.py」モジュールを import。

❸「Player」クラスのインスタンスを生成するときに呼ばれる初期化メソッド。
プレイヤーの歩くアニメーションの 2 画像と初期位置を設定します。

❹ キャラクターを操作して表示する、「move」メソッドです。
「左右上下」のカーソルキーが押されたら、その方向にキャラクターを回転し、マップの当たり判定を調べて、木がなければ進みます。

■「map_data.py」のソース

地下 2 階～ 5 階までのマップデータです。
「メモ帳」など「テキストエディタ」で、以下のようにコーディングしてください。

[map_data.py]

```
map_data = ( (
(中略)
),(
2,2,2,2,2,2,2,2,2,2,2,2,
```

```
2,1,1,0,0,0,0,0,0,1,1,2,
2,0,0,0,2,2,2,1,0,1,1,2,
2,0,1,2,2,1,2,2,0,0,1,2,
2,0,0,2,1,1,1,2,2,0,1,2,
2,1,0,2,1,4,0,0,2,0,0,2,
2,1,0,2,2,1,1,2,1,1,0,2,
2,1,4,0,2,1,2,1,1,1,3,2,
2,2,2,2,2,2,2,2,2,2,2,2
),(
2,2,2,2,2,2,2,2,2,2,2,2,
2,1,1,1,1,0,0,0,1,1,1,2,
2,1,1,1,0,0,2,0,0,0,0,2,
2,0,0,0,0,1,2,2,1,1,0,2,
2,0,2,1,0,1,1,2,2,1,3,2,
2,0,2,2,0,0,0,0,2,2,2,2,
2,0,0,2,2,2,1,0,0,0,2,2,
2,1,0,0,0,3,2,2,1,0,4,2,
2,2,2,2,2,2,2,2,2,2,2,2
),(
2,2,2,2,2,2,2,2,2,2,2,2,
2,2,1,0,0,0,1,1,2,3,1,2,
2,0,0,0,2,0,0,2,1,0,1,2,
2,0,1,2,3,2,0,2,1,0,2,2,
2,0,1,2,0,2,0,2,2,0,4,2,
2,0,2,2,0,2,0,0,0,2,2,2,
2,0,3,2,0,2,2,2,0,1,2,2,
2,1,2,1,0,4,0,0,0,1,1,2,
2,2,2,2,2,2,2,2,2,2,2,2
),(
2,2,2,2,2,2,2,2,2,2,2,2,
2,2,0,0,0,0,0,1,2,4,0,2,
2,0,0,1,2,1,0,1,2,0,0,2,
2,0,1,2,4,2,0,1,1,2,2,2,
2,0,0,0,0,2,0,2,1,1,1,2,
2,2,2,2,2,2,0,0,2,2,1,2,
2,0,4,2,5,2,2,2,2,1,1,2,
2,0,2,1,1,1,1,1,1,1,1,2,
2,2,2,2,2,2,2,2,2,2,2,2
))
```

7.4 「サウンド」の再生

この節では、サウンドを再生します。

サウンドの読み込みには、「load_sound.py モジュール」をコーディングしています。

■「rpg04.py」の実行

7-1 の要領で「rpg04.py」を実行すると、ゲーム開始時とゲームクリア時にサウンドが再生されます。

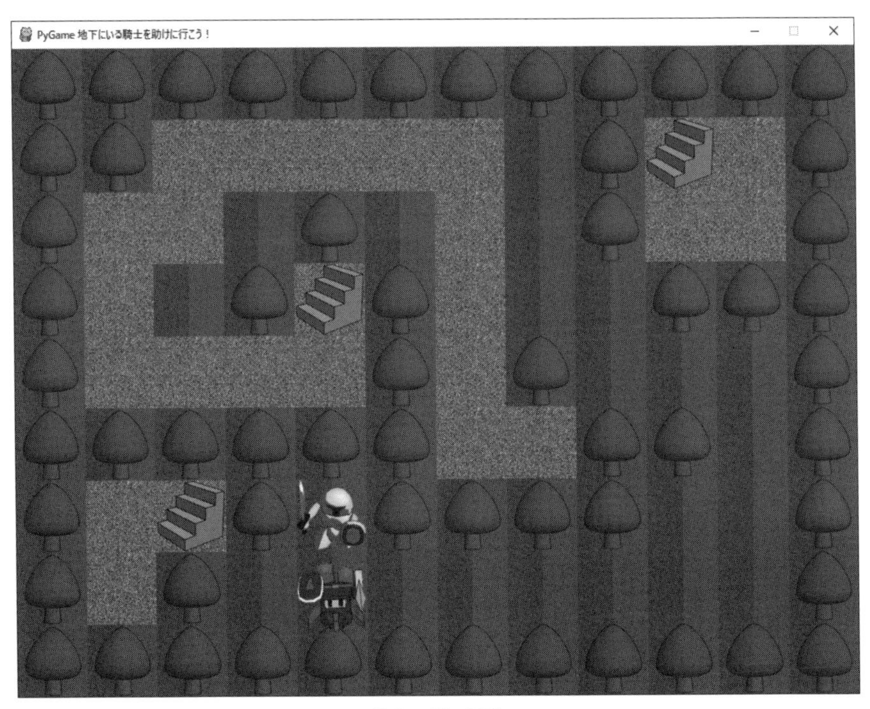

サウンドの再生

■「rpg04.py」のソース

「メモ帳」など「テキストエディタ」で、以下のようにコーディングしてください。

[rpg04.py]

```
import sys
import pygame
from pygame.locals import *
from map import Map
from player import Player
from load_sound import *                          ①

def main():
  pygame.init()
  screen = pygame.display.set_mode((960,720))
  pygame.display.set_caption("PyGame 地下にいる騎士を助けに行こ
う！")
  map = Map()
  player = Player()
  start_sound = load_sound('GameStart.wav')       ②
  clear_sound = load_sound('GameClear.wav')       ③
  start_sound.play()                              ④
  while(True):
    map.draw(screen)
    player.move(screen,map)
    if map.event(player.rect) == True:            ⑤
      clear_sound.play()                          ⑥
    pygame.time.wait(30)
    pygame.display.update()
(後略)
```

ソース解説

❶「load_sound.py」モジュールのimport。

❷「GameStart.wav」サウンドの読み込み。

❸「GameClear.wav」サウンドの読み込み。

❹ ゲームスタートのサウンドを再生。

❺ もし、マップイベントが騎士にタッチして“True”を返した場合。

❻ ⑤が成り立った場合、ゲームクリアのサウンドを再生。

■「load_sound.py」のソース

4-6に出てくるものとほとんど同じです。

「メモ帳」など「テキストエディタ」で、以下のようにコーディングしてください。

[load_sound.py]

```
import os.path
import pygame

main_dir = os.path.split(os.path.abspath(__file__))[0]

class dummysound:
  def play(self): pass

def load_sound(file):
  if not pygame.mixer: return dummysound()
  file = os.path.join(main_dir, 'data', file)
  try:
    sound = pygame.mixer.Sound(file)
    return sound
  except pygame.error:
    print ('Warning, unable to load, %s' % file)
  return dummysound()
```

索 引

記号・数字

アルファベット順

≪A≫

≪C≫

≪D≫

≪E≫

≪F≫

≪H≫

≪I≫

≪M≫

≪O≫

≪P≫

≪R≫

≪S≫

≪T≫

≪U≫

≪W≫

≪X≫

五十音順

《あ行》

《か行》

《さ行》

《た行》

《は行》

《ま行》

《や行》

《ら行》

[著者略歴]

大西　武（おおにし・たけし）

1975年香川県生まれ。
大阪大学経済学部中退。
(株)カーコンサルタント大西で役員を務める。
コンテストはツールよりもゲームの方が入賞しているが、ツールのプログラミングをするほうが得意なクリエイター。
プログラミング入門書はちょうど20冊目で、他に一般書「3D IQ間違い探し」（主婦の友社）も出版。
NTTドコモ「MEDIAS Wアプリ開発コンテスト」でグランプリや、Microsoft「Windows Vistaソフトウェアコンテスト」で大賞など、コンテストに約20回入賞。
オリジナルの間違い探し「3Dクイズ」が全国放送のTVで約10回出題。

[ホームページ]

https://vexil.jp
https://cco24.com

[主な著書]

「Xamarinではじめるスマホアプリ開発」工学社、2017年
「Metal2ではじめる3D-CGプログラミング」工学社、2017年
「ビットパズル」工学社、2019年
「「Kotlin」と「OpenGL ES3」ではじめる「Android」入門」工学社、2020年

本書の内容に関するご質問は、

①返信用の切手を同封した手紙
②往復はがき
③FAX(03)5269-6031
（ご自宅のFAX番号を明記してください）
④E-mail　editors@kohgakusha.co.jp

のいずれかで、工学社編集部宛にお願いします。
電話によるお問い合わせはご遠慮ください。

「サポート」ページは、下記にあります。

【工学社サイト】http://www.kohgakusha.co.jp/

I/O BOOKS

ゲーム開発ではじめるPython3

2020年9月25日　初版発行　© 2020

著　者　大西　武
発行人　星　正明
発行所　株式会社 **工学社**
〒160-0004 東京都新宿区四谷4-28-20 2F
電話　(03)5269-2041(代)[営業]
(03)5269-6041(代)[編集]
振替口座　00150-6-22510

※定価はカバーに表示してあります。

[印刷](株)エーヴィスシステムズ

ISBN978-4-7775-2121-0